不幸の数をかぞえるよりも、
幸せの数をかぞえてみましょう。
まずは感情を横に置いて、
冷静に考えてみることがたいせつです。

美輪明宏

この世は人生学校

幸せになりたいすべての人へ

美輪明宏

家の光協会

まえがき

わたしはこれまで、たくさんの方のお悩み相談でアドバイスをさせていただきました。とくにＪＡの家庭雑誌『家の光』では、二〇〇一年から人生相談の連載をスタートし、およそ二十五年もの間に約三百人の読者のお悩みに答えてきました。この本は、これまでの連載の中から好評をいただきました内容を一冊にまとめたものです。今年、『家の光』は、創刊から百周年を迎えるそうですが、その記念となる年に、こうして書籍を上梓する運びとなりましたことは、ありがたいことでございます。

この二十五年で大きく変わりましたのは、言うまでもなく急速にデジタル社会になったことです。わたしたちの日常は便利になった反面、ルールや法律の整備が追い付いていないために、結果として多くの人たちは生活サイクルを乱され、自分をコントロールできなくなり、それが命取りになる悲劇を生み出しました。スマートフォンの普及をはじめネット社会が生み出したのは、良い面もあれば悪い面もあります。物事には、良い面も悪い面もある、つまり「正負の法則」をつねに頭の中に入れておけば、これから先の社会がどのように変わろうと、変化の波にのまれることなく、オロオロせずにすむのです。

かつては「十年ひと昔」と言われていましたが、今はたった一年でがらりと変わる世の中です。けれども、二十五年前も今も、人生の悩みというのはほとんど変わっていません。職場や近所などの人間関係の悩み、親子や兄弟姉妹や夫婦の悩み、仕事の悩み、お金の悩みなどなど、今も昔も変わらないものですし、そして、解決するための方法もじつはなにも変わっていないのです。

たとえば、辛いことや苦しいことがあったときに、だれかに愚痴をこぼしたり、泣いたりわめいたりしても、けっして答えは見つかりません。感情的になることは、かえって問題を先延ばしにするだけで、苦しい思いをする日々が延々と続くだけなのです。問題を解決するためには、まずは感情を横に置いて、頭をクールに、冷静に考えるしかありません。感情を抜いて冷静になるというのはなかなか難しいことですが、この本を手に取ってくださったのもなにかのご縁ですから、頭の片隅に入れておいて、人生の岐路に立ったときに思い出してみてください。

さらに、悩みを抱えている多くの人たちは、不幸の数をかぞえるのは得意なのに、幸せの数をかぞえることがなかなかできないのです。恵まれていることがたくさんあるはずなのに、感謝することを忘れてしまったがために、自分がいかに不幸なのか、その部分しか見えなくなってしまうのです。当たり前のように感じていることでも、じつはとても恵まれているということに気づかない、そんなときには発想の転換がたいせつであることもアドバイスさせていただきました。

『この世は人生学校　幸せになりたいすべての人へ』で取り上げているさまざまな悩み相談は、ページを開いただれもが自分に置き換えて応用することができます。

「そうか、こんなときこそ冷静になればいいのか」「なるほど、発想を転換すると解決策が見つかるんだ」と、まさかのときのための訓練にもなるはずですから、人生のさまざまな局面においてお役に立てれば幸いです。

人生は修行の連続です。人生の岐路や節目を、小学校、中学校、高校、大学の試験にたとえれば、初めは簡単だった試験も、徐々に難易度が上がっていくものですし、難しい試験ほどクリアできればこのうえない喜びを味わい、乗り越えることで自信も湧いてくるはずです。

みなさんそれぞれの人生学校で及第点がとれますように、ぜひこの本を参考書としてお手元に置いていただければ、幸せへの近道になるはずです。みなさんの人生が豊かでよりよいものでありますように。

美輪明宏

目次

第1章　甘ったれるんじゃない！

第2章　よくがんばったわね。自分を褒《ほ》めてあげてください

第3章　悩んでもムダ。まわりを気にせず自分を信じて

第4章　感情は不要。冷静に考えることがたいせつです

第5章　子どもには思いやりと愛情を持って接しましょう

第6章　マイナスよりもプラスの要因を探し、ときには発想の転換を

デザイン　中島健作
写　　真　御堂義乘
編集協力　太田和枝
校　　正　夏目　誠

第1章

甘ったれるんじゃない！

お悩み

不誠実でひどい彼だけれど、どうしても好きです

大阪府　H美（三十三歳）

わたしには十六年間好きな人がいます。高校の同級生で、ラブレターを出して返事が来たことからつきあうようになりました。つきあって十年めに、「おまえと結婚する気はない」と言われ別れました。それでもどうしても離れたくなくて、「結婚はしなくてもいいから」と言い、約一か月後にはふたたび会うようになりました。

それから五年後、彼の部屋でラブホテルのライターと、他の女性と旅行している写真を見つけたのです。ライターは居酒屋に置いてあったものを持ってきただけで、旅行は男女四人で行ってなにもなかったと言われましたが、悩んだすえ、こんどは自分から別れを告げました。なんとか忘れようと必死だったのですが、二か月たっ

た頃に彼から携帯に空メールが届き、好きなので、メールのやりとりをしてしまい、また会うようになりました。

体の相性がよくて、いっしょにいて落ち着くと彼は言うのですが、将来的な関係は完全にNOと言われています。最近、別の女性とつきあっている予知夢のようなものを見たので彼に伝えると、「彼女はいないけど、セックスすることはある。特定の人はいないけど、機会があれば……」と言われ、ショックでした。わたしが悲しいと言っても、「立場をわきまえていない。嫌ならやめればいいし、感情をぶつけられても迷惑だ」と言われました。

どう考えても不誠実でひどい彼ですが、どうしても好きで執着してしまいます。他の人に目を向けようと合コンなどにも行きましたが、彼の魅力を再確認するばかり。このままでだいじょうぶでしょうか?

愛のメッセージ

うざったい人ね

重い！　十トン、二十トンの重さじゃない。あなたのような人といっしょに暮らしたら息が詰まります。愛情愛情と言いながら、自分の性欲とか本能とか感情で、彼をがんじがらめにしているのです。相手にしてみれば、セックスの相性がいいからつきあっているだけの話。

結婚は、セックス以外の部分が大きいものです。いっしょに暮らして平和な気分でいられるかどうか。生活を共にするということは、理性的で現実的なもので、リアリティーを伴うものでしょう。おつきあいでちょっと帰りが遅くなっても、いちいちだれと会っていたのかとかライターがどうのとか、チクチクやられたらたまったもんじゃありません。

浮気をされたとか被害妄想で、相手がわがまま勝手みたいに言っていますが、自分勝手でわがままなのはあなたのほうです。自覚がないのです。わがままで、自分のことしか考えない女だと思われているのです。だから、セックス以外は彼にとってはうざったいだけなのです。それを反省しなければいけません。

相手は、フットワークを軽くして、エッチが終われば、「また気が向いたらね」というくらいの恋の遊び、ラブアフェアを望んでいるのでしょう。

それなら、相手に合わせればいいのです。他に男がいなくてもいるようなふりをするのです。趣味や知識、教養、ボキャブラリーを暇な時間に養っておいて、小金もためて、優雅で都会的で、「男に縛られるのが嫌」という生き方をして、ちょっとなにを考えているのか捉えどころがない神秘的な女を演じていれば、向こうから寄ってきます。

◇恋の技術を磨きなさい

押してもだめなら引いてみなって言うでしょう？　足し算と掛け算だけでなく、引き算や割り算も効果があるのです。あなたは、ただ鼻息を荒くして、追いかけまわしているだけ。追いかけるよりも、追いかけさせるように仕向けなきゃだめ。彼から見ればあなたは、なんにも謎がない女なのです。三畳一間の長屋みたいな人で、玄関を開けたら裏口まで全部見えてしまうようなもの。それとは逆に、「この家、どうなってるの？」というくらい曲がりくねった迷路みたいになっていて、とんでもない所に部屋があったりする、忍者屋敷のような人だったらだれでも興味が湧くでしょう。

恋にも技術が必要です。料理でも技術が必要でしょう？　塩かげん、火かげん、味かげんがあるように、恋や愛も同じ。この世の中のものは、すべて技術が必要なのです。おしゃれもそう。いつ会っても同じ服装、同じヘアスタイル、同じメーキャップでは、古畳と同じでおもしろくもなんともない。会うたびに服装もヘアスタイルもメーキャップも違えば、一人で何人もの女とデートしているみたいでおもしろいでしょう？　ＯＬ風、モデル風、お嬢様風、はたまた渋谷系になってみたりすると、「なんなのこいつ？」っておもしろがられるじゃない。そうすれば、自分だって楽しいでしょう？

ぜひ、古今東西の恋愛映画を観たり小説を読んだりして勉強してください！

（二〇一一年十一月）

お悩み

他人が得をしているのを目にすると、許せなくなります

長野県　匿名希望（四十六歳）

お金の絡む問題で損をしていると感じると、怒りと不公平感で心がざわつきます。とりたてて貧乏を経験してきたわけではありませんが、小さい頃からしみついてきた感覚で、根っからのケチなのかもしれません。わたし自身のポリシーもあり、できるだけ質素に暮らしていますが、今の暮らしに不満はありません。

けれどもさまざまな場面で、他の人が得をしているのが目につくと我慢なりません。たとえば、子ども会の集まりで残ったものを分けようとなったときに、主催者が「よく働いてくれたからあなた持っていって」とだれかに言い、それをすんなりもらっていく人を見ると、「えー、みんな条件同じじゃん！」と頭にきます。「わた

しももらっていい？」と言えばいいのかもしれないけれど、「えーっ」と冗談でも言われたくないので言えません。小さなことだけれど、やっぱり公平にやってほしい、と不満が募ります。

障害のある娘が通うサークルの月謝のことも納得がいきません。過疎地に住んでいるため、二時間かかりますが、娘には必要なことだと思って参加しています。そのサークルが今年から福祉事務所の助成がある地域の参加者からは月謝を取らないことになりました。ですが、わたしが住む町の福祉課だけ「お金がない」の一点張りで助成をしてくれないので、実際はうちだけが月謝を払っています。同じことをやっていて、さらにうちだけ時間も交通費もかけていくのになんで……。ものすごく頭にきてしまいます。

「損して得取れだ」と奮い立ってみても、気力がもちません。どうやったら気持ちが晴れるのでしょうか。

愛のメッセージ

想像力が足りません

お菓子をもらえなかったからといって、なにも死ぬわけじゃないでしょう。ケチとか金銭感覚がどうとか、そういうことではなくて、「どうしてわたしだけがこんなに不幸なの？」という、あなたの被害妄想に問題があるのです。

他の人がお菓子をもらっていったとありますが、その人は、じつはあなたよりももっと不幸なのかもしれません。主催者の方は、その事情をよくご存じで、さりげなくその人にお菓子をあげたと考えれば、納得できませんか？　主催者の方は、事情をあからさまにするとその人が傷つくでしょうから、知らないふりをして「持っていって」と言ったのかもしれません。

あなたは自分がお菓子をもらえなかったという、そこばかりに焦点を当てて、その先を考えていないのです。それでは想像力がなさすぎます。他の人がお菓子をもらっていったというストーリーの裏に、それなりの理由が隠されていることもあるのです。

見方を変えれば、その人に比べればあなたはまだ恵まれているのよ、と言われているようなものではありませんか。「その人は、わたしよりもよっぽどたいへんで、貧しくて不幸だからお菓子ももらえるし、まわりの人からもよくしてもらっている。それなら、わたしもその人を励ます意味でよくしてあげなくちゃ」という気持ちにはなれませんか。

なにかにつけ、自分がいちばん不幸で、どうしてわたしだけが、と自己主張ばかりするのは、思いやりに欠けている証拠です。助成金に関しては行政のことですので、あなた個人ではどうすることもできないでしょう。どうしても助成を受けたいのであれば、いま住んでいる町から引っ越すしかありません。けれど、引っ越しにかかる費用のことを考えれば、現実的には月謝を払い続けるほうが経済的でしょう。

◎行政についてもっと勉強しましょう

いま、地方の過疎地は税収入が少ないからたいへんです。そうした行政の仕組みについても、詳しく勉強するいい機会だと思います。過疎化が進めば、ますますその地域に暮らす人たちは苦しい思いをして、さらに人が離れていってしまいます。これは、不公平なことが許せないという、あなただけの小さな問題ではありません。もっと大きな問題なのです。

読者のみなさんも、自分がどれだけ税金を支払っているのか、トータルで計算してごらんなさい。住民税、所得税、土地家屋の税金、消費税、さらには年金、医療保険料や介護保険料を支払っているわけでしょう。これだけたくさん支払っていながら、さて、この先に十分な保証があり、だれもが安心して暮らしていけると思いますか？

なかなか、思うような社会にならないということは、言うまでもなく政治の問題なのです。あなたも、読者のみなさんも、国の予算がどのような割合でなにに使われているのか、よくよくお調べになって、日本を変えられるのは自分たちだという強い意識を持って暮らしていきましょう。

（二〇一六年六月）

お悩み

あまり努力家ではない私。将来が不安でしかたありません

千葉県　七月水瀬（三十三歳）

はじめまして。わたしは美輪さんの著書を愛読している者です。その中に三碧木星《さんぺきもくせい》や四緑木星《しろくもくせい》は、なるべく若いうちに一生懸命働いて、いろいろなことに取り組み努力をして、将来に備えての地固めをしておかなければいけないという星である、とあり、そのことでわたしは不安にかられています。

わたしは四緑木星で、二十代前半は人並みに遊びもしましたが、働きもしました。遊びも仕事も五分五分といった感じでした。しかし、二十代後半から体調を崩しがちになり仕事が順調にいかず、どちらかというと気ままに生きてしまいました。そして三十代に突入。現在に至っています。

若いうちに遊んでばかりいてなんの努力もしない、仕事もしない、勉強もしないと、年をとってから悲惨なことになる、と書いてあるようになるとは、まさか思いもしなかったので、なにも考えずにここまで生きてきてしまったのです。

この年になって、現に無職ですし……。なかなか再就職できていません。もともと病気がちで、次々にいろいろな病気にかかっています。そんなこともあって、体力勝負の仕事は勤まりません。

お恥ずかしい話ですが、すごく努力家というわけでもありません。

わたしはこのまま年をとったら、ほんとうに悲惨なことになってしまうのでしょうか。不安で不安でしかたありません。

どうかご助言ください。よろしくお願いします。

愛のメッセージ

甘ったれるんじゃない！

わたしは易者ではありませんが、三碧木星や四緑木星は、若いうちに地固めをしておけばいいということ、これは別に三碧木星や四緑木星に限りません。若いうちに努力して技術を身に付けていれば、それはなんの星の人であっても安定します。あなたは錯覚を起こして、四緑木星だからと星のせいにしているのです。星のせいではなく、これは常識です。

遊んでばかりいてブラブラと好きなことだけやって、やがて結婚すれば旦那が稼いでくるから、自分は家事だけしていればいいという魂胆の人が多いようです。あなたも、じつはそう思ってきたのではありませんか？

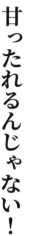

テレビでも結婚相手の条件として、年収が一千万円以上とか、最低でも五百万円と言っている人がいました。なにを都合のいいこと言っているのかしらとあきれました。旦那とはいえ、他の人でしょう？　人が働いて稼ぐお金がいくらであろうと、自分には関係ないでしょう。お金が欲しければ、自分で働けばいいのです。恋愛相手は別で、結婚するなら高収入の人がいいということは、あわよくば稼いでもらおうという他力本願のずうずうしい考え方なのです。今はそういう世の中ではありません。

終戦直後までは日本の一般常識として、妻や娘が外で働くというのは恥辱で、近所からも白い目で見られていたものです。「あそこの奥さん、外で働いてるんですってよ。娘まで働いてるんですって。なんてうちなの？」と、不道徳な家、だらしがない家と思われていたのです。だから、結婚するよりしようがなかったのです。でも、今はそんなことはありませんし、働くのが当たり前。時代は変わったのです。

◇自分で直すしかありません

体が弱いとか、きつい肉体労働ができないと書いてありますが、やってやれなくはないはずです。あなたは、文面から察するに怠け癖があるのでしょう。「お恥ずかしい話ですが、すごく努力家というわけでもありません」とあるのがその証拠。自分が怠け者であることを認めています。ただ、認めてはいるけれども、努力するのは嫌でめんどうくさいのでしょう。

男でも女でも、あなたのような人はたくさんいます。わたしも困っている人を見ると黙っていられなくなって、再出発できるように金銭面も含めて助けてあげた人が何人かいました。結局、毒を与えたようなもので、だめでした。努力をしなくても世の中なんとかなると、甘くみてしまうのです。こういう人は、逆に地獄に落として、自分ではいあがるように仕向けなければいけないと悟りました。

怠け癖は、だれも助けることはできません。自分の内面の問題ですから、自分で直すしかありません。努力して努力してはいあがったという、出世物語を読んだりして、わが身に当てはめ、はいあがるには努力しかないと、自分にたいして叱咤激《しったげき》励《れい》すべきです。

「働かざる者食うべからず」という言葉があるでしょう。四緑木星はいっさい関係ありません。年をとって、お金もなくて、助けてくれる人もいなければ、結果はおのずと見えてくるでしょう。それはだれが悪いわけでもありません。自分が選んだ道ですから、覚悟するしかありません。

（二〇一二年二月）

お悩み

男遊びがやめられません

岩手県　A子（四十代）

わたしは小さいときから男好きでした。「早くキスしたい、セックスしたい」と思って育ちました。

社会人となり、二十四歳のときに出会った男性と二十九歳で結婚。男児一人を授かり、幸せに暮らしています。

ですが、パートナー（夫）とは別に、セックスフレンドや男友達をいつもキープしてきました。

現在、平和で安定した生活を送りながらも、セックスフレンドが一人と予備軍（狙っている男性）が二人います。

家庭も仕事もうまくいっています。それなのに、なにが不満なのか自分でもよくわかりません。「幾人もの男性から愛されている」という後ろ盾があって初めて幸せを感じ、自信が持てるのか、それとも、たんに性欲が旺盛なだけなのか……。

若々しい体を保つための運動を怠らず、食生活に気をつけ、エステにも投資しています。夫はそんなわたしを褒めてくれて、カフェ、映画、絵画展などに誘ってくれます。

今のところ、夫にも息子にもわたしの不貞は知られてはおりません。もし、知られてしまったら、落胆させたことをわびて、このようなふしだらな女との共同生活をどうするか話し合い、できるかぎりの償いをしようと思います。

こんなわたしの生き方を美輪様はどのように思われますか。ご指導、ご助言をいただければ幸いです。

愛のメッセージ

奈落の底に落ちる覚悟でどうぞ

残念ながら、あなたの相談には応じかねます。

あなたのような人は異常なほどに性欲旺盛で、異なる相手と性行為を繰り返さないと気がすまない体質なのです。いくらわたしがやめなさいと言っても、やめられるものではありません。

こんな逸話があります。

名奉行として知られる大岡越前が母親に「女性の性欲は何歳まであるものなのでしょうか」と質問したところ、お母さんはそれには答えずに黙ったまま、当たっていた火鉢の灰をかき混ぜたのです。

つまり、「灰になるまで」という意味だそうです。あなたも生まれ持った体質なのですから、灰になるまで性欲は衰えないでしょう。

男遊びをやめられないもう一つの理由は、男にもてているという実感があなたの生きがいになっているからでしょう。子どもを育てながら、運動もして、エステにも通って、他の男とも会って、よく時間が作れますね。ある程度の経済力がなければできませんし、仕事をしているからこそ、時間やお金のやりくりができているのでしょう。

どういうわけか、あなたのような女性には、立派ないい夫が授かるものなのです。けれども、いい人というのは性的魅力に乏しい人が多いもの。どこか悪そうとか、肉体労働をしているワイルドな人とか、そういう男に魅力を感じて遊びたくなるのでしょう。そうやって遊んだあとは、逆のタイプである優しい夫を求めたくなるのです。

◇子どもが女性不信になるかもしれません

わたしからアドバイスさしあげるとしたら、夫にもお子さんにもぜったいに知られないようにすることです。万が一、知られてしまったら、奈落の底に突き落とされたような絶望的な環境になることは必然です。

とくに、お子さんにはどんなことがあっても知られるようなことがあってはいけません。あなたが原因で女性不信になりかねません。お子さんが心に傷を負って一生を過ごすようなことは、母親としてなんとしても避けなければいけません。

夫にたいしても同じです。あなたを信じて尽くしてくれているのでしょう。知られてしまったら、償いをしますとありますが、あなたになにができるのですか？ なんの償いもできないことを、よくよく胸に刻んでおいてください。

そして、楽あれば苦あり、苦あれば楽ありという「正負の法則」を、つねに頭に入れておきましょう。

　性的欲求を我慢していれば、平和で幸せな家庭は保証されます。でも、性的欲求を我慢できずに、快楽を求め続けると、それ以上の「負」がかならずやってきます。いつ大きな「負」がやってくるかわかりませんが、その覚悟がおありなら好きなようになされればよろしいでしょう。

　奈落の底か、幸せな家庭か、選ぶのはあなたです。


（二〇一八年六月）

お悩み

進路を決められず、優柔不断な自分が嫌になります

奈良県　M男（二十四歳）

わたしは今、日本語教師になるための学校に通いながら、通信制の放送大学で大卒の資格を取ろうとしています。

二年前には作業療法士の学校に通っていました。しかし、母の体調が悪くなったことや、高い授業料を兄に出してもらっているということへの負い目、学校の事情などで退学してしまいました。作業療法士の学校では、かけがえのない友人にも恵まれたので、がんばりきれなかったことをとても後悔しました。

日本語教師の学校は一年で修了して、すぐに働くことができるので選んだのですが、クラスには同世代の人がほとんどおらず、張りあいもなく孤独を感じています。

友達をつくるために学校に通学しているわけではないのですが、ときどきとても後悔することがあります。ほんとうにこれでよかったのか？　自分で幸せを放棄したのではないか？　はたして日本語教師という職業が自分の適職なのか？　という思いにかられます。

このままの中途半端な状態がいいとは思っていません。今の状態を変えたい！　と思いますし、前のような失敗を繰り返したくないとも思います。

正直わたしは、いつも自分の行動に自信が持てなくて迷ってしまいます。ほんとうは、いつも「幸せになりたい！」と思っているのに、優柔不断な考えになってしまいます。そんな自分自身がいやになります。

もう二十四歳で若くないので、自分自身の進路を明確に決めたいし、もう後悔はしたくありません。

こんなわたしにご助言いただけたら幸いです。

愛のメッセージ

自信も幸せも自分でつくるものです

あなたのように、自分はなにをやってもだめなんじゃないかと自己否定する人がたいへん増えてきています。長所もたくさんあるはずなのに、それを探そうとしないのです。

あなたの長所であり短所でもあるのは、傷つきやすい優しい心を持っていることです。それが裏目に出ると、優柔不断になるのです。優しさと同じくらいの意地悪な部分もあれば、あんなやつに負けてたまるかと負けず嫌いが出てきて、少々のことでは落ち込んだりはしません。

ところが、優しすぎるために負けず嫌いになれず、人へ向かうはずの刃が自分に向けられてしまうのです。いわば、自分で勝手に刃を振り回して自分を傷つけて、痛い痛いとわめいているようなもの。自己否定が根底にある人は、救い場所も逃げ場所もないから、キレやすいのです。

優しい人が増えているのは結構なことですが、優しいあまり欲を持つことを罪悪に感じたり、幸せになりたいと言ってみたりするのです。

幸せになるのだって、棚からぼた餅は落ちてきやしません。棚の下に寝て、口をあけて地震かなにかでぼた餅が落ちてくるのを待とうなんて考えるのは、ばか以外のなにものでもありません。踏み台を用意して、背伸びして棚から下ろして、お箸を持って、ぼた餅を口へ運んで、口を動かして、歯で嚙んで初めて、「あぁおいしい」と感じることができるのです。幸せを手に入れるには、それなりの労力は必要なのです。

まずは長所を探してごらんなさい。学校へ通いたくても通えない人だってたくさんいます。通えるだけありがたいと思いなさい。感謝が足りません。日本語教師の学校は一年で卒業できて、そのうえ、すぐに働くことができるのなら、今の時代、御の字じゃありませんか。それに、あなたは小学校も中学校も高校も出ているのでしょう？　十二年間も学校へ通ったという実績があるのに、それに比べてたった一年で挫折しそうなのですか？　甘ったれるんじゃありません！

◇感謝することを覚えなさい

前へ前へと歩こうとしないから、いつまでたっても自信がないのです。うじうじとカニのように横ばいばかりしていては前へは進めません。自信がないのなら、自信をつけるように努力すればいいだけのこと。たとえば、なにかの資格を取ってみるのも一つの方法です。資格を取れば、達成感を味わうことができます。自信というのは、達成感の積み重ねから生まれてくるものです。生きがいを感じられるかとか、友達ができるかもしれないとか、甘いお菓子や蜜を期待しないで、なんでもないことを黙々とやること。甘いお菓子の家には、鬼婆が住んでいますから、欲しがってはいけません。つらくて当たり前。世の中、自分のために動いているわけではありません。仕事場もそう。針の山だらけでできています。転んだりぶつかったりすると、傷だらけになりますが、そのかわり働き続けていれば、鍛えられて頑丈になるから、針も刺さらなくなりますし、傷もつかなくなります。

そうして、達成した後には、むなしさや不安が生じてくるでしょう。そういうときにはどうすればいいかというと、感謝することを覚えればいいのです。努力してやってきた自分に感謝できます。経済的な援助をしてくれた家族や励ましてくれた友人やまわりの人たちにも、感謝できるでしょう。感謝すれば、自分は幸せなんだと思えるのです。

幸せは自分自身がつくるものですし、自信も自分自身がつくるものなのです。


(二〇一〇年四月)

お悩み

中卒のコンプレックスをずっと引きずっています

匿名希望（六十八歳）

この年になってお恥ずかしい話なのですが、十五の春に高校生になれなかったことが、今でもなにかの折にふと思い出され、そのたびに悔やんでいます。

夫とはお見合いで結婚しました。若いとき、高校に行っていないことにコンプレックスを感じていると伝えたところ、夫に「おれなんか私立高校でやっと卒業したよ。学校を選ばなければ行けたんじゃないか？」と言われたことがあります。ですが、わたしは父親から「うちでは私立は無理」と言われていましたし、公立に行くほどの学力もなく、就職組になったのです。

そんなわたしは、末っ子の高校入学を機に通信制の高校に入学し、子どもと時を同じくして高校を卒業しました。それから二十年の月日が流れましたが、人との会話でオープンに話せない自分がいます。夫にも高校時代の思い出話などを封印させているようでつらいです。そんなこともあり、若い頃に高校に行って勉強をしていたら……、と思ってしまいます。

夫は、確定申告、銀行やＪＡ関係など、日常生活のほとんどすべてのことをわたしに任せてくれています。その気持ちに応えようと、まちがいのないように心がけて、わたしなりにがんばってきました。

夫と二人でドライブしたり、ちょっと遠出したりするときなども、いつも楽しい会話を心がけて過ごしていますが、自分に自信が持てません。

こんなわたしに、間もなく迎える七十代の気持ちのあり方をアドバイスしていただけたらと思います。

愛のメッセージ

「不幸探し病」にかかっているようなものです

高校へ進学する経済力がなくて就職したということですが、そういう人が世の中にどれほどいると思いますか?

現に、わたしも最終学歴は中学です。東京の音楽学校へ進学しましたが、実家が破産して一年で辞めざるをえませんでした。それでもわたしは、劣等感を持ったことは一度もありません。ありがたいことに、東京都は名誉都民という称号をわたしに与えてくださいました。それは、学歴は関係ないということを証明しているようなものでしょう。

人格を決めるのは学歴がすべてであるかのような、あなたの価値観が残念でなりません。

経済的な問題で進学をきっぱりと諦めて就職した、それは毅然としていて立派ではありませんか。しかも、通信教育に挑戦して、高校を無事に卒業できたことも立派です。

多くの人はなにも苦労せずにトコロテンのように押し出されて高校へ進学しますから、そういう人よりよっぽど努力家で偉いとわたしは思います。

さらに、日常生活では夫が確定申告などの実務を任せてくれているのでしょう。つまり、あなたは夫に信じてもらえているということですし、あなたががんばってきたことを夫は認めてくれているのです。

あなたは、コンプレックスを持ったり悩んだりする必要がないのに、「不幸探し病」にかかっているようなものです。なにかにつけて欠点を探そうとして、重箱の隅をつつくようにして不幸の芽を出させようと努力しているのです。それはむだな努力ですからおよしなさい。

あなたに必要なのは感謝することです。通信制の高校を卒業できたのは家族が応援してくれたからでしょう。きっと、うちの女房は偉いな、お母さんはすごいなと尊敬しているはずです。そういう家族がいることをありがたいと感謝しましょう。

◇心の〝汚部屋〟を整理整頓しましょう

高校時代の思い出なんて、せいぜい好きだった人がいまどうなっているかしらとか、たわいもないことばかりでしょう。オープンに話せないのは、おしとやかで結構じゃありませんか。

優しい夫と子どもと幸せに暮らしていて、しかも、努力して自分の手で幸せをつかんだわけでしょう。なにも不満に思う必要はありません。

これからは、自分のよいところや感謝すべきことなど、あなたの価値観を客観的に整理整頓してはいかがでしょうか。

テレビで片づけられない人の部屋を整頓する番組があるでしょう。頭の中がそうした〝汚部屋〟と同じで、散らかっているのです。きちんと整理すればすっきりして、悩みはいつの間にか消えてしまうでしょう。

（二〇二一年七月）

お悩み

失敗を引きずってしまう性格に悩んでいます

匿名希望　男性

わたしは仕事やプライベート、なににつけてもミスをしたり、失敗したりすると、長いこと落ち込み、引きずってしまいます。あのときああしておけばよかった、なんでこうしてしまったんだという後悔の気持ちに襲われ、かなりの体力を消耗します。妻から「そんなこと気にしないでいいでしょ、いつまでくよくよしているの」と怒られますが、そんなこと言われなくてもわかっているよと、いつもやるせなく思っています。

わたしは、仕事では自分で責任をとらなければならない立場である以上、ひどくストレスを感じる場面が多いです。たとえば、研修をおこなう講師として自分が登壇し、発表する機会があったり、取引先とのトラブルが発生したときに罪をかぶって謝罪しに行かなければならなかったり……。何十年も生きてきて、そのような場をたくさん経験してきましたが、まったく慣れません。むしろ、自分で自分を追い詰めることが多くなったかもしれません。一度失敗したことがトラウマのようにつきまとい、不安な感情のまま別のことをしてもうまくいくわけはなく、悪循環をもたらしているのです。

両親の世話をする必要があり、定期的に帰省をするとやっぱり田舎はいいなと、時間を忘れられます。これがわたしのつかの間の癒やしです。楽観的に考えられる人をうらやましく感じます。考え方を変えようと思いますが、なかなか現状から抜け出すことができません。ひどいときには悪い夢を見ます。定年までのあと十数年のしんぼうですが、先は長いです。これからどのように過ごせばよいか、アドバイスや喝をいただきたいと思います。

愛のメッセージ

あなた一人がくよくよしているだけです

あなたの悩みは、トラウマでもなんでもありません。

人間社会の構造を理解していないために、悩む必要のないことにいつまでも追いすがっているだけなのです。

まずは、人間が生まれてからどのように成長していくものなのか振り返ってみましょう。

たとえば、生まれたばかりの赤ちゃんは歩くことができません。半年くらいたってハイハイができるようになり、そのうちにつかまり立ちを覚えるでしょう。そうして、一歳を迎える頃にやっと歩けるようになりますが、七転び八起きどころか何度も転んでは立ち上がって、歩くことを覚えていきます。赤ちゃんがなぜ転ぶのか、それは歩き方を知らないのですから、当然のことでしょう。それなのにあなたは、「自分は赤ちゃんの頃になぜ転んだのだろう」と、ずっと悩んでいるようなものなのです。

赤ちゃんから子どもになって、少年になり、青年、壮年、中年と変わっていく過程で、さまざまなことを経験していきます。

社会人になれば、仕事を覚えるまでに、ミスをしたり上司に叱られたりしながら経験を積んでいくものです。なにより、仕事でミスをするのはあなただけではありません。一度もミスをしない人など存在しませんし、ミスをしたら次は失敗しないようにしようと工夫しながら取り組んでいくでしょう。

取引先とのトラブルにしても、自分に非がなくても謝罪するのは当たり前のことで、だれでも経験しているはずです。学校の先生でも、生徒同士が学校でトラブルを起こしたりすると、目が行き届いていなかったと、保護者に謝罪せざるをえないでしょう。

失敗したことも、自分が悪いわけではないのに謝罪することも、人間社会では当たり前なのですから、いちいちストレスに感じるのはもうおしまいにしましょう。だれもが通る道なのに、あなたは自分一人だけに起こっている現象かのように重々しく受け止めてしまっているだけなのです。

◇楽しみなことを考えながら乗り越えましょう

さいわいにして、あなたは自分自身を癒やしてくれる田舎があるでしょう。やれるだけのことはやって、引退したら田舎へ戻ってのんびり暮らす、そんな夢を持ちながらこの先も日常で起こる事柄をしんぼうしていきましょう。

今後は、クヨクヨしそうになったら、これも田舎で暮らすための試練の一つだと前向きに考えてはいかがでしょう。

仕事に苦労はつきものですから、田舎暮らしを楽しみにしていれば、少々のことでも乗り越えられるのではないでしょうか。楽しみは先が長ければ長いほど、人生はきっと豊かになるはずです。

（二〇二三年四月）

お悩み

ニートの娘に頭を抱えています

香川県　匿名希望（五十歳）

二十三歳になる娘のことで相談いたします。

わが家は会社員の夫、義父母、娘二人の六人家族です。義父母は農業をしており、わたしはその手伝いをしています。

長女は働いています。相談したいのは次女のことです。高校に入学した頃からすっかり変わってしまったのです。服装がどんどん派手になり、しだいに学校に遅刻するようになりました。そして二年生のとき、とうとう高校を中退してしまいました。理由は、学校の規則が厳しすぎて、自分には合わなかったということでした。その後、大阪の美容専門学校に入学したのですが、そこも長続きせず、しばらくして辞めています。それからは水商売をするようになり、五年ほど続けていましたが、体を壊して二年ほど前、家に帰ってきました。

今は、一日中家でぶらぶらして過ごしています。午前中いっぱいは寝ていて、家族が起こしにいっても、「うるさい。出ていけ」と、ひどい罵声を浴びせるような状態です。

帰ってきたばかりの頃は、しばらくそっとして、好きなようにさせておけば、そのうちよくなるかと思っていたのですが、もう二年以上もこの状態が続いています。

家族みんな、どのように対応したらいいものか、頭を抱えています。どうかアドバイスをお願いいたします。

愛のメッセージ

努力なしでは生きられません

典型的なニートですね。まじめに働くのがいやなのでしょう。水商売も、客といっしょにお酒を飲んで、ヘラヘラ笑って媚を売っていればいいというわけではありません。自分を指名してくれるお客を持たなければいけませんから、それなりの努力が必要です。いっしょにいて鳥肌が立つような男性に手を握られたり、下げたくもない頭を下げたり、売り上げのノルマもありますから、簡単な仕事ではありません。

体調を崩したとはいえ、家に戻ってからなにもしない状態が続いているということは、努力をするのがいやで、永久に楽をしていたいのでしょう。お化粧をして、お客とベタベタしているのが好きなだけ。それでは、どこも雇ってはくれません。店のために努力をしてくれるからお給料がもらえるのであって、店の売り上げに貢献してくれない人なんて、なんの役にも立ちません。

人はどこへ行っても、努力なしでは生きていけません。我慢することを知らず、自己規制ができないのは、冷たいようですが、甘やかして育てた結果です。悪いことに、こういうタイプに限って、威張りたがります。注意されると、「出ていけ」と言うようですが、注意されるのがいやなら、自分が家を出ていけばいいのです。

これは、母親のあなたがいくら心配してもむだ。本人の意思の問題です。人生八十年としてあと半世紀。今のままで生きていけるかどうか、娘さんに考えさせてごらんなさい。長生きしたいのなら心を入れ替えて、周囲の人たちと共存していくこと。まずは謙虚に、自分はたいした者ではありませんと、身のほどを知って、感謝の気持ちで仕事に励むことです。

◇不平不満を感謝に替えて

わたしがいつも言うように、この世は正負の法則で、楽あれば苦あり、苦あれば楽あり。努力して我慢して謙虚に仕事に取り組めば、重宝がられて自分にも自信が出てくるでしょう。逆に、まわりの人たちがどんどん離れていって、孤立していくのは、だれのせいでもなく、自分の身から出たさび。娘さんも、このことに気づけばなんとかなるでしょう。

そして、仕事をして手にする給料というのは我慢料なのだということも、しっかり教えましょう。今月もつらいこと、苦しいこと、頭にくることを、よく我慢しましたね、という意味でお給料がもらえるのです。

人間は、のど元過ぎれば熱さを忘れるもので、いつの間にか感謝の気持ちを忘れ、ぜいたくばかりを言うようになってしまいます。困ったときは、原点に戻りましょう。

戦後の日本はたいへんでした。食べるものもない、着るものもない、住む所もない、ないないづくし。それに比べて今は、住む所がある、食べるものがある、働ける、お給料がもらえる、たいへん恵まれた時代なのです。

わたしが不平不満を言わないのは、こうした戦後の苦労を知っているからですし、有名になってからも人気が上がったり下がったりで、苦労続きだったからです。もちろん、不平不満も出てきますが、そんなときは、住む家も、食べるものも、着るものもあってありがたいな、と思うから、少々の努力は当たり前だと、気持ちを切り替えることができるのです。お芝居をやるにしても、みなさんにたいへんですねと言われますが、つらい思いをするからこそギャラをいただくことができ、潤いのある生活を送れるのです。ですから、文句は出てきません。

さあ、いますぐこのページを娘さんに見せてあげなさい。読み聞かせてもいいでしょう。母親のあなたが、いままで教えられなかった人生訓を、ひもといてあげてください。

（二〇〇七年八月）

お悩み

独身のせいで肩身が狭く不安です

匿名希望　女性

わたしは二十九歳独身で、病院で専門職として働いています。

わたしの部署は女性しかおらず、会話はいつも子どもの話題です。二十九歳で独身というのはけっして珍しくないですし、経済的にも自立していて堂々としていればいい、ということは頭では理解しています。しかし、置いてけぼりというか、焦ってしまうのです。

もっと仕事に打ち込める環境であれば、よけいなことも考えずにすむと思います。ただ、最近は人員が増えて仕事量が減り、今は自分で仕事を見つけてくる状態です。

職場では、いい人はいないのか、あの部署のあの人はどうか、など興味本位で言われることが多々あります。とくに田舎は、結婚していて当然という意識が強い気がします。おまけに後輩には長年おつきあいしている方がいて、先を越されることは目に見えています。

わたしも知り合いに紹介を頼んで、婚活をしています。しかし、なかなかいい出会いに恵まれません。自分がほんとうに結婚したいのか、まわりに流されているだけなのか、わからなくなりました。

今の仕事が嫌なわけではありません。ある程度はやりがいも感じていますが、この職場にいるとどんどん卑屈になって、年を重ねるごとに自分を嫌いになってしまう気がして不安になります。どこに転職しても、こういった悩みはつきものかもしれません。ただもう少し違う環境のほうが無理せずにいられるのかなとも考えます。

結婚していない女性はどうしてこんな肩身の狭い思いをしなければならないのでしょうか。

愛のメッセージ

結婚しても幸せとはかぎりません

独身で肩身が狭いと思っているようですが、あなたにはもっとたいせつなことがあります。それは、仕事があること、そして健康で自立していることに感謝することです。

人員が増えて仕事量が減ったということは、少し楽になったということでしょう。仕事をクビになる人や過労死する人もいるなかで、あなたは恵まれています。まずは仕事ができることに感謝しましょう。

「経済的に自立しているから堂々としていればいいと頭では理解している」とあるように、それでいいのです。堂々としていましょう。

もし「結婚しないの？」と言われたら、「よけいなお世話」と心の中で舌を出していればいいのです。人のことに口を出す人は、都会でも田舎でもどこにでもいるものです。

また、後輩が先に結婚することで焦ってしまうようですが、なぜ焦るのでしょうか。結婚観は人それぞれですし、何歳までにしなければいけないというものではありません。

結婚したい理由がはっきりわかっていないのに、やみくもに婚活したところで相手が見つかるわけではありません。そんなに焦るのなら、相手がだれであろうと結婚してみてはどうでしょう。

◇感謝することを忘れてはいけません

でも、もしあなたが結婚しても、きっとまた不満をあれこれと見つけるはずです。

健康で仕事があって、食べていけることをありがたいと心から感謝することを覚えなければ、いつまでも幸せにはなれません。

それから、なにか趣味はありませんか？　仕事も結構ですが、文化は人間が生きていくためには必要なものです。

スポーツでも音楽や映画鑑賞、手工芸でもいいですし、藤井聡太さんのように将棋を始めても楽しいでしょう。同じ趣味を通じて出会いがあるかもしれません。趣味がなくても、子どもの頃に好きだったことや、やってみたいことがあれば始めてみませんか。

仕事だけに頭を使っているから、なおのこと職場の人に言われることが頭の中に残ってしまうのです。仕事を離れて趣味に没頭する時間があれば、なにか言われても柳に風と受け流すことができるはずです。

最後に、結婚してもかならず幸せになれるとはかぎらないことも覚えておいてください。

結婚したために不幸になった人もいますし、二度、三度と結婚する人もいます。独身のままなら幸せかといえば、自由ではあるけれども孤独で寂しい思いをすることもあります。

結婚しても独身でいても、メリットとデメリットはワンセットであることをよく理解しましょう。

（二〇二四年一月）

第2章

よくがんばったわね。自分を褒《ほ》めてあげてください

お悩み

夫がわたしの妹と浮気しました

岡山県　Ａ子（四十三歳）

わたしは四十三歳の主婦で、十一歳と八歳の息子がいます。主人は八年前、次男の妊娠中から二年半のあいだ、わたしの妹と関係を持っていました。主人は当時、仕事も家庭も順風満帆で、このくらいはいいだろうというおごりがあり、妹も、わたしに悪いと思いつつ流されていた様子です。

わたしがそのことに気づいたとき（二人がセックスをしているのを見ました）、主人は土下座して言いました。一生をかけて償う、だから離婚はしないでほしいと。わたしはぜったいに許せないと思いましたが、離婚はいつでもできる、子どもや両親のことを考えて、もう少しがんばろうと思いました。そして主人は約束どおり一生懸命にやってくれ、子どもも素直に育っています。それは感謝しています。

しかしわたしはそれ以来、主人に体を触られるのが嫌なのです。以後七年間、一度も夫婦生活はなく、今後もするつもりはありません。実の妹との浮気だと、どうしても生理的にダメなのです（主人はそれならしかたないと言っています）。このまま父母としての役割だけで、不自然な結婚生活を送るのかと思うとむなしさがあります。こんなことを言うと甘えていると叱られそうですが、わたしの心を理解してくれる男性を見つけることは罪でしょうか。

だれにも相談できず、いままで来てしまいました。このまま結婚生活を続けるべきか、子どもたちが独立したあと、もっと自由に（離婚を含めて）考えるべきか。この心の中にあるわだかまりはどうしたらいいのでしょうか。

愛のメッセージ

よく耐えました。あっぱれです

あなたには、あっぱれ賞をさしあげます。ふつうなら、旦那の浮気現場を見つけた段階で、キレて別れるって大騒ぎになります。それを、子どものため、両親のためと、自分の思いを封印して七年間も耐え続けるなんて、なかなかできることではありません。妊娠中というのは、よそにトイレを借りに行くようなもので、いちばん男が浮気する時期です。浮気相手が赤の他人だったらまだあきらめがつくでしょうけれど、実の妹となると、そうもいかないでしょう。

これは、あなたの妹がいちばん悪いですね。きょうだいの旦那や奥さんを盗るというのは、人間としていちばん卑劣で最低な行為です。どんなに思い焦がれても、きょうだいのためであれば身を引くのは当然のこと。自分の姉の一家をめちゃくちゃにする悪魔です。旦那さんが言い寄っただけではなくて、妹も誘いをかけていたのでしょう。

あなたは、自分の妹だから矛先を向けまいと努力しているようですが、矛先を向けてかまいません。絶縁すべきです。旦那もそう。妻の妹と浮気をするなんて最低です。理性のブレーキが壊れています。

いちばん理性がしっかりしていたのは、あなただったということ。今は昔と違って、良識も倫理もないほうが勝ちだという認識がまかり通っていますが、でもそれはかならず滅びるということを、示したほうがいいのです。

◇こんどはスカをつかまないこと

あなたは理性的でまじめという長所を持っていますが、それだけに、肌に触られたりしたら妹のことを思い出し、体が受け付けないのでしょう。これはもう、そういう宿命だったのだからしかたがありません。結論としては再出発するしかありませんね。

七年間、じっと歯をくいしばってきたわけですから、あと二年、下のお子さんが十歳になるまで待って、子どもたちに意見を聞いて、それから対処すべきだと思います。

「じつは、あなたをみごもっているときに、叔母さんとお父さんが浮気をしているところを見ちゃった。あなたたちのために、ずっと我慢してきたけど、あなたたちも大人になったから、こんどはお母さんも自分の人生を歩いていこうと思うけど、賛成してくれる?」と、静かに話せばわかってくれます。やみくもに離婚してはいけません。きちんと話せば、子どもたちも自分のことを大人扱いしてくれているんだと思って、しっかりと答えを出すはずです。

二年たつと、あなたも四十五歳。人生の折り返し地点として、まだやり直しがききます。この次は自分にたいするご褒美を考えなさい。離婚するのもけっこう。次の男性を探して再出発して、恋愛するのもけっこう。けれども覚悟はしておきなさい。いい男は他の女もねらっているということを。

すてきな男性というのは一万人に一人いればいいほうです。とくにどん底のときには、隣の芝生が青く見えるもの。しかも、あなたの年代に合う男性といえば五十歳前後でしょう。五十前後がいちばん問題があるんです。犯罪率も自殺率も高い。終戦後の厳しさを知らずに、食料だけ与えられて勝手に大きくなった世代ですから。バラ色で希望に燃えて、理想的に考えたいのはわかりますが、世の中そんなに甘くありません。こんどこそスカをつかまないように、よく吟味しないとだめですよ。

（二〇〇四年四月）

お悩み

やっぱり二人めの子どもが欲しい

山口県　匿名希望（二十三歳）

わたしには二十三歳の夫と二歳になる娘がいます。結婚当初、夫とは、できれば子どもは二、三人欲しいねと話していました。しかし、娘を産んですぐにまた妊娠し、中絶してしまいました。そのころのわたしは、体調の悪さと育児のストレスで疲れ果ててしまい、今の状態で、もう一人産んで育てるのは、無理だと思い込んでいたのです。

中絶後は、産んでやれなかった子に申し訳ないという気持ちから、もうぜったいに子どもはつくらないと決めて、そのときは、夫も納得してくれました。

しかし、周囲の人たちから「二人めはまだ?」「一人っ子はかわいそうよ」などと言われるたびに、「一人っ子のなにが悪いの」という反発心がある一方で、自分が兄二人にずいぶん助けられた思い出がよみがえり、娘にもきょうだいがいたほうがよいのではないかと思うようになりました。夫もやはりあきらめられなかったようで、ゆくゆくはぜったいに子どもが欲しいと言います。

いま思うと、世の中にはもっとたいへんな状況の中、子どもを産んで一生懸命育てている人や、欲しくてもできない人もいると思うと、なぜあのとき産まなかったのかと、わたしの心は後悔でいっぱいです。

産んでやらなかった子へ申し訳ないと思いながら、子どもを欲しいと思っている矛盾だらけのわたしに、よきアドバイスをお願いいたします。

愛のメッセージ

産むことが償いです

産めばよろしいじゃありませんか。ご主人もまわりの人たちも、あなた自身も子どもを望んでいるのでしょう？　なにをそんなにぐじぐじ悩んでいるのですか？　産んでやれなかった子どもにたいして申し訳ないと思っているようですが、あなたが次に産む子どもは、そのときの子どもかもしれません。人間として生まれてくるにも、ちゃんと順番がありますから、そのときの子どもがふたたびあなたを親に選んで来てくれるかもしれません。こう考えれば、子どもを産むことが、償いになるじゃありませんか。

確かに、その当時はかわいそうに思ったかもしれませんが、中絶して正解だったと、わたしも思います。年子で子どもを育てるのは、二倍手がかかりますから、想像しただけでもたいへんなことです。でも、一人育てれば、後は二人育てるも三人育てるも、子育ての学習能力さえ備わっていれば、楽になるものです。抱き方にしてもお風呂に入れるにしても、経験を積んで勉強してきたわけですから、次の子どもを産んでも、ちゃんと子育てができるでしょう。あなたは、心の優しい人ですから、いつまでも罪の意識があるようですが、いたずらに悩む必要はありません。

◇弱い女はこの世にいません

少々、厳しい言い方をさせていただきますが、あなたには根性が足りませんね。戦時中の母親は、十人子どもを産めば勲章をもらえると言われたくらい、産めよ殖やせよ、と国に言われてきました。軍国主義の時代では、兵隊として差し出すために、子どもをたくさん産まなければいけなかったのです。あくまでも国家のためだけに子どもを産むということが、あなたは考えられますか？

戦時中の女の人は強かったのよ。子ども十人に、おじいちゃんやおばあちゃんがいて、人数分のご飯を炊いて、洗濯もするわけです。ご飯を炊くにもかまどですし、洗濯だって今みたいにボタン一つでできるわけではありません。洗濯板を使って、冬でも冷たい水で手洗いです。

農家の人であれば、さらに農作業もしましたから、今では考えられないほどの労働です。すごいでしょう？　戦前・戦時中の女の強さ、とくに農家の嫁の強さといえば、半端じゃありません。きっと、あなたのご主人は優しくて包容力があって頼もしいから、あなたもついつい甘えて、わたしは弱い女なんだわと勘違いしてしまうのでしょう。

そもそも弱い女なんて、この世に存在しません。わたしは、これまでに見たことがありません。ビールラベルの麒麟と同じで、想像の産物です。なぜなら、小学校高学年から初潮が始まって、一か月に一週間はいやな思いをして、生理痛のひどい人は、とんでもない痛みを伴うでしょう。やがて痛い痛い出産を経験して、四十歳を過ぎる頃から更年期障害に悩まされる。それでも、家事はするし働きにも出るし子育てもちゃんとやるでしょう。こう考えると、女というのは、痛みにも病気にも熱にも強いのです。耐熱ガラスなんて比じゃありませんね。もちろん、あなたも、その一人なのですよ。

さぁ、そろそろ、ぐじぐじした気持ちが薄れてきた頃でしょうか？　ひよわな根性なしの自分とはさよならして、新しい気持ちで赤ちゃんを迎えてあげましょう。

読者のみなさんにもお願いです。日本がまだ平和なうちに、子どもをたくさんつくって、立派な政治家を増やしていただいて、二度と、あの魔のような、産めよ殖やせよと言われた時代がやってこないように、子育てをしっかりやっていただきたいものです。

（二〇〇七年十月）

お悩み

介護で人生が一変し、青春を失いました

福島県　ボー（二十代）

わたしが十九歳のときに、父親が脳内出血で倒れ、その後遺症で左半身にまひが残ってしまいました。入院した当時の父は、片言で会話もできず、車いすに乗っていた姿は、ほんとうに自分の父なのかと疑うような状態でした。

退院後は、母と共に自宅で世話をすることになり、片道二時間かけての大学生活を送りながら介護をしました。夫婦の片方が体調を崩すと、もう片方も調子が悪くなるといいますが、母も一時期入院しました。

遊びたい年ごろだったので、同年代の楽しそうな話を聞くのがとてもつらかったです。大学を中退してすぐ働くべきか迷いましたが、春休み、夏休みと、まとまっ

た休みにアルバイトをしてなんとか食いつなぎました。そして現在は、自宅から通える会社に就職し、日々勤務しています。経済力はありませんが、父のため、定期的に施設も利用しています。

　父が倒れてから五年以上が過ぎましたが、思い返すと、介護によってわたしの人生は一変したと思います。帰宅すれば介護、休日も介護、夜中でも起こされます。施設利用によるお金もかかり、心身的疲労のほかに、金銭的・時間的な負担も大きいと感じています。

　息子として両親を養う責任があることは自覚していますが、仕事と介護の両立で忙殺される毎日で、友達づきあいや恋愛などにも気持ちを向ける余裕がありません。最近は、失われていく時間や、自分の人生そのものに嫌気がさしています。この先も自分の気持ちを閉じ込めたまま、現状を保つように両親を支え続けたほうがよいのでしょうか。

愛のメッセージ

かならずご褒美《ほうび》が与えられます

あなたは、やれるだけのことはいろいろとおやりになっているではありませんか。その若さで立派なことです。あとは、気力がどこまで続くか、ということでしょう。まず、マイナスばかりだと感じているようですが、あなたが仕事に出ているあいだは、お母さんがめんどうをみているわけでしょう。

世の中には、めんどうをみてくれる人がだれもおらず、介護のために仕事に行けなくなる人もいますから、それよりはましです。それに、定期的に施設を利用できるだけの経済力もあるわけですから、それは救いです。マイナスばかりではないことを頭に入れておきましょう。

あなたが信じるか信じないかはさておき、人間というものは、強くて優しくて清らかでまっすぐで仏のような人格になるためにこの世に生まれ、修行を続けるものなのです。それは学校の試験と同じようなもので、小学生には小学生用のやさしい試験問題しか出ません。けれども、魂が高校や大学に進むにつれ、だんだん試験は難しくなります。

あなたの場合は、たとえるなら高レベルの魂の大学入試を受けている最中なのです。あまりにもつらい試験ですから、途中で逃げ出すか、それとも試練に耐えて難関を突破するのか、「さぁ、おまえはどちらにするのか?」と、試されているのでしょう。

◇後悔の人生か誇りに満ちた人生か

すべてを放り出し、介護はお母さんに任せて親子の縁を切る、そういう生き方もあるでしょう。けれども、そうしたとき、優しいあなたが一生後悔せずに生きていけるでしょうか。

一人でどこかへ遊びに行っても、ガールフレンドといっしょになっても、自分だけ楽しい思いをして、親を不幸にしてそれでいいのか、という後悔がずっと付いてまわることになるでしょう。

自分を責め、残りの人生は後悔し続ける、そのほうがよっぽど恐ろしいとは思いませんか？　後悔しながら生きていくくらいなら、徹底的に親孝行してみませんか？

やり遂げたあかつきには、あなたしか手にすることのできないご褒美が与えられると、わたしは思うのです。

それはどんなご褒美なのかはわかりませんが、やがてお父さんが亡くなったときに、「おれはやれるだけのことはすべてやった！　偉い！」と、自分で自分を誇りに思えますし、自信にもなるでしょう。そして、そういう人にふさわしいだれかが現れるかもしれません。
後悔の人生か、誇りに満ちた人生か、人生の先輩としては、ご褒美が与えられるという希望を捨てない生き方を選んでいただきたいと思います。それが、やさしい魂のあなたが生きるための一つのエネルギーになるのですから。

（二〇一八年十月）

お悩み

夫の両親のいじめが辛い

匿名希望（四十歳）

わたしは専業農家に嫁いで二十年。その間、夫の両親にはさんざん泣かされてきました。

姑はきちょうめんで完璧主義、見栄っぱりで融通がきかず、思いやりのない人です。わたしが作った料理にも年中文句を言い続け、「トマトの皮は薄くむけ」とか、「ご飯に髪の毛が入っているのは、これで三度めだ」とか、ねちねちと文句を言います。

子どもを抱えて、掃除、洗濯、三度の食事の準備に追われ、農業をする毎日です。それでも姑や舅は、「畑に出るのが遅い」と怒るため、思いきって姑に掃除を手伝ってほしいと頼んだら、夜の九時にいきなり障子の桟を手ぼうきで掃き始めました。舅も、姑の行動をたしなめるどころか、わたしにたいして言葉の暴力をふるいます。先日は、あまりに理不尽なことを言うので言い返したところ、実家に電話をし、「みっちり叱ってやった」と言われました。

夫に不満を打ち明けるとけんかになり、精神的な支えになってくれることはありません。せめて別居できればよいのですが、「世間体が悪い」と姑、舅、夫はそろって反対します。離婚も考えましたが、子どもを残していく勇気が持てず、今に至っています。

最近は姑の顔を見るだけで、頭痛がしたり、心臓がぎゅっとなったりします。二十年間、言われた言葉の一つ一つがよみがえり、怒りを覚えます。

二人とも、もうじき八十歳です。どのような心構えで生きていけばよいかアドバイスをお願いします。

愛のメッセージ

もうちょっとのしんぼうよ

二人とも八十歳ですから、もうすぐお迎えが来ます。もうちょっとのしんぼうです。今まで二十年も我慢してきたわけですから、あともうちょっとしんぼうなさい。世の中には、あなたのような悩みを持っている人が、今でも少なくありませんね。農家だけではなく、嫁は奴隷だと思い込んでいる人が今もたくさんいます。これは、そのような教育を受けてきたからなのです。

催眠術にかけられているようなものですから、一朝一夕には解決できません。頭ではわかっていても、深層心理に食い込んでしまっているのでしょう。まちがった考えだということを、何度も何度も言い聞かせて、やっと催眠が解けるのです。

あなたの舅も姑も同じこと。それに二人とも、先のことをまるで考えていません。あとで復讐《ふくしゅう》されるかもしれないということを知らないようです。ふつう、八十歳にもなれば、それぐらいの分別があってもよさそうなものです。自分たちが永久に死なないとでも思っているのでしょうか。

亡くなった後は、お葬式を出してもらわなければいけませんし、お墓の掃除もしてもらわなければいけません。盆暮れ彼岸には、お線香の一本も立ててもらいたいでしょう。なにより、病気になったら、だれが看病してくれますか。だれが病院へ連れて行ってくれますか。だれがご飯を食べさせてくれますか。ほかでもない、いま、いじめている嫁や孫です。

ゾウのように、だれも知らない所へ一人で行って死ぬのであれば話は別ですが、自分の家で家族にみとられて逝くのであれば、それ相当の下準備を、今のうちからしておかなければいけません。

嫁や孫にひどいことをしていると、病気で倒れたときには、どんな目にあうのか、よくよく考えておく必要があります。

◇楽しいことだけを考えて

舅や姑がもうちょっと若ければ離婚とか別居を考えてもいいでしょう。いなくなられてみると、どれだけ嫁の存在がありがたいものか、申し訳なかったと反省もするでしょう。けれどもこういう因業な人たちは、「こんな忙しいときにいなくなって！」と、逆に恨みを募らせるばかり。

だから、あともうちょっと待ってらっしゃい。

こういう立場にある舅さんや姑さんには、ぜひ読んでもらいたいものです。達者なうちは、自分たちがけがをしたり病気で倒れたりすることを、考えもしないものです。

人間、だれしもかならず倒れる日がやってきます。家族にたいしてひどいことをしていれば、その仕返しにあうのは目に見えています。反面、家族に親切にしていれば、ちゃんと返ってきます。

さぁ、どちらの生き方を選びますか？

（二〇〇六年七月）

お悩み

病気の父に頼られ続け、見放すこともできず苦しいです

福島県　匿名希望（三十一歳）

わたしの父と母は二十年前に離婚しました。それから、母と姉とわたしの三人で暮らしています。父は離婚時から自律神経失調症とうつ病を患っています。一人で暮らしているため、病気がつらいときや精神が不安定なとき、生活用品が必要になったときなど、何度となくわたしたちの所に電話をかけてきては、「いますぐ来い」と命令するのです。雪や雨がひどいときでも、「車、持ってるだろ」と言う始末です。

離婚しても親子は親子なので、姉とわたしは、しぶしぶその要求に応えてきました。昨年、父が六十歳を迎えてからは、週三回ヘルパーさんに来てもらっています。

それでも、病状が悪化し、入院するたびに、病院から電話がくるので、毎日落ち着かずに過ごしています。

母は離婚後、父からの電話に出たこともなければ、独り暮らしの家を訪ねたこともありません。父のめんどうは父の妹夫婦がみればいいと言います。要求に応えるわたしたちに向かって、「三十歳を過ぎても嫁に行かないから、いつまでも電話がかかってくるんだ。おまえたち（姉とわたし）がいなければ、電話もかかってこない」と、大声を上げます。父のことで、毎日のように母とけんかをするのも、もう疲れてきました。

ここで父を突き放したとしても、父は「おれはおまえたちがいるから生きていけるんだ」と泣き、姉やわたしが家を出ても、嫁ぎ先の連絡先を調べて、どこまでも追いかけてくるにちがいありません。病気のこともあるので、わたしたちが見放したことで、父が自殺をしてしまうのではないか、などと考えたりもします。わたしや姉は、いったいどうしたらいいのでしょうか。アドバイスいただけると幸いです。

愛のメッセージ

これでおしまいにしましょう

おそらく、お父さんは自律神経失調症になっているくらいですから、自分は妻に捨てられたという被害者意識があるのではないでしょうか？　だから、娘たちが自分のめんどうをみるのは当然という気持ちになっているのでしょう。

お母さんは、そういうお父さんの自分勝手なわがままなところがいやで離婚したのでしょうから、お母さんにとっては赤の他人。めんどうをみる必要はありません。きっと、お父さんの名前も聞きたくないでしょうし、存在していることも考えたくもないのでしょう。あなたたち娘が家にいるから、お父さんから電話がかかってくると怒るのもわかります。

お母さんは、離婚した以上、きれいに縁を切りたいはずなのです。けれども、あなたたちにしてみれば、お父さんにたいして情愛とか哀れみがまだ残っていて、お父さんを捨てて後悔したくないという原罪意識がどこかで働いて、ズルズルとめんどうをみてきたのでしょう。

◇親の値打ちとはなにか

まずは自宅の電話番号を替えて、お父さんと連絡がつかなくなるようにすることですね。あなたたち娘がお母さんのほうの戸籍になっていれば、扶養義務はないわけですから、めんどうをみる必要はありません。いままでなにもめんどうをみてこなかったのなら話は別ですが、やれるだけのことはやったわけですから、これでおしまいにしましょう。

「これからの自分の人生を、お父さんに破壊される筋合いはない」とはっきり言うことです。

いざとなったら、わたしたちはお父さんに捨てられた身ですから、自分たちを捨てた親のめんどうをみる必要はないと、反論できるでしょう。離婚して、自分が捨てた娘にめんどうをみてくれというのは、だれが聞いても筋が通りませんね。こういう親は、子どもに切り捨てられて当然なのです。

子どものために、命もいらないと犠牲になるのが親の真の姿だとわたしは思っています。爆撃に遭えば、子どもをかばっておなかの下に入れて、自分が死ぬ。それが親の値打ちというものであり、親の第一条件なのです。

その逆で、子どもを防空壕代わりにして自分が下になって隠れるなんて、親でもなんでもありません。親の条件を満たさなければ、ただの知り合いの、はた迷惑な人です。

お父さんは、あなたたち娘に縁を切られても文句は言えない立場にあるのです。

わたしも親にはずいぶん苦労させられました。

◇早く親から自立なさい

それから、あなたたち姉妹も、早く独立することです。お母さんは、理由はなんであれ、離婚したわけですから、一人で自由に生きたいのではないでしょうか？せっかく楽になろうと思って離婚して、煩わしいことにもいっさい振り回されたくないはずなのに、娘二人が楽をさせまいと足を引っぱっているようなものです。

考えてもごらんなさい。三十一歳にもなって、独立していないということは、家にオバサンが三人いるようなもの。市原悦子さんのドラマじゃありませんが、家政婦協会の宿舎にオバサンたちが集まっているでしょう。それと同じ。だから、お父さんに家政婦協会とまちがわれて、何度も電話がきちゃうのね（笑）。いいかげん、親と離れて、早く自立なさい！

（二〇〇八年十二月）

お悩み

兄の悲しい人生にどんな意味が

福島県　Y美

実家で一人暮らしをしていた兄が、六十四歳で急逝しました。半年前に同居の母を亡くしたばかりでした。兄はじつは父の姉の子で、その姉は兄の出産直後に亡くなり、実父は兄を置き去りにして逃げました。兄は施設に入っていた時期もありましたが、十一歳のとき、わが家の養子になりました。

父は公務員でしたが、あるときから母が事業を始めました。一時はバブルの波に乗り、かなりの収入を得て、不動産を次々と購入しました。兄は就職して家を出ましたが、数年で挫折して戻り、母の仕事を手伝っていました。わたしはすでに他県に嫁いでいました。兄に給料は渡されず、たばこ代と散髪代だけが渡されていました。まわりが意見しても、母はだれの言葉にも耳を貸さず、事業を拡大しました。

そしてバブルが弾けたとき、莫大な借金が残りました。兄は連帯保証人でした。兄はふたたび働きに出て、少ない給料から毎月十万円を返済に回していました。父の死後、父の遺族年金はすべて借金返済に回り、生活費は兄頼みとなりました。

兄はなぜ家に戻ってきてしまったのか。つらくても一人で自分の道を生きていたら、別の世界があったであろうと思うと、やりきれない気持ちになります。

兄の死後、何十年かぶりに兄の部屋に入り、凍りつきました。空気が死んでいるのです。物の一つ一つにも精気がなく、モノクロの世界です。あんなに悲しい風景は初めて目にしました。家具は子どもの頃の小さなたんすのみ。母は散財を続けていたというのに。兄はなにかを買うという意欲もなく、死んでいきました。

これが兄の六十四年の生涯です。兄がこの世に生まれてきた意味はなんだったのでしょうか。兄は今、幸せにしているのでしょうか。それだけが気がかりです。

愛のメッセージ

あの世では英雄です。哀れむ必要はありません

人生は修行の連続で、つらい修行をした人ほど、魂がきれいに磨かれます。ですから、あなたのお兄さんは、よほど上級な魂の持ち主でしょう。

魂には、上品《じょうぼん》、中品《ちゅうぼん》、下品《げぼん》というランクがあって、下品というのは、修行が浅くて魂が磨かれず、汚れっぱなしの状態。それが、少しずつ修行を重ねると中品になり、人生の難題を何度も突破すると上品になるのです。小学校から中学校、高校、大学と段階を経て進学するのと同じイメージです。学校では学年に応じたテストや試験があり、進学するたびに少しずつ試験は難しくなります。人生も同じ仕組みだと考えましょう。

病気をして治ったと思ったらけが。けがの次には、だまされたり、裏切られたり、次から次へと難題が押し寄せてくる、そういう人は魂が上品になるための試験を受けていると思ってください。

たとえば、平昌《ピョンチャン》オリンピックで金メダルを取った羽生結弦さんは、直前に選手生命が終わってしまうかもしれないような大けががをしました。ずいぶん悩み苦しみ、絶望もしたことでしょう。でも、諦めずに努力を怠らなかったことが、金メダルにつながったのです。それは、彼の魂のランクが一つ上がったということなのではないでしょうか。

あなたのお兄さんもそうです。これでもかこれでもかという、つらくて苦しくて難しい試験を与えられ、そしてみごとにすべての難題をクリアしたのです。

あなたは、苦労したお兄さんをかわいそうで、悲しい人生だったと思っていますが、あの世では大歓迎を受けているはずです。「よくぞつらい人生を耐え忍んで乗りきった！　万歳！　万歳！」と、凱旋してきた英雄を迎えるように大騒ぎになっているでしょう。

◇お部屋をきれいにしてお墓参りを欠かさずに

今はこの世ではお別れで、悲しいでしょう。ですが、お兄さんのことを哀れんで泣いたり悲しんだりする必要はありません。せっかくいい気持ちで凱旋して、いまごろはやれやれとお茶でも飲んでゆっくりしているところなのに、あなたのマイナスの気持ちが波動としてあの世へ伝わると、お兄さんの努力がだいなしになってしまいます。

これからは、「ご苦労さまでした。たいへんな人生でしたが、よくぞ修行なさいました。わたしは誇りに思います」と、プラスの波動を送ってあげましょう。お兄さんのお部屋はきれいに掃除したうえでだいじにして、お墓参りを欠かさずしましょう。

お兄さんの苦労を知っているあなたですから、これからなにかつらいことがあっても耐えていけるはずです。
お兄さんの生き方から、そのことを学びとりましょう。

（二〇一六年七月）

お悩み

両親の介護に兄が協力してくれません

福岡県　K子
（四十九歳）

両親の介護をして、今年で八年めです。父は余命半年と言われてから六年がたちました。父の在宅介護で苦労していたら、他県に住む兄から「おまえがお母さんの介護もしてね」と電話がありました。わたしには精神疾患があり、「親二人の介護をするのは難しいし、認知症の母の介護はできない」と言ったら、兄は怒って「介護ができないのなら、その家から出て行け！」と言いました。結局、父が兄に丸め込まれ、わたしは家から出て行くことになりました。

周囲からの後押しがあり、わたしは親元から歩いて二十分の所にある、障害者のためのグループホームに入りました。わたしが同居していなくても、両親の生活がうまく回っているのは、ケアマネージャーさんやデイサービスの方、ホームヘルパーさんたちのおかげです。

現在、兄は無職なので「一年間でいいから両親の在宅介護をしてもらいたいのだけれど」とメールすると、「そんなに介護が嫌ならしなくていい！ 嫌ならするな！」と言ってきました。「おれがやる」とは言いません。兄は自分自身が関わるのが嫌なのです。なんだかんだ言って、ちょこちょこと両親のめんどうをみているのはわたしです。友人には「あなた、貧乏くじを引いたわね」と言われました。わたしはそんなこと、ちっとも思っていませんが、兄には頼れないので困っています。

いま、わたしには片思いしている人がいます。通っている作業所で、彼に送迎してもらうのが唯一の楽しみです。いつか、両思いになればいいなと思っています。こんなわたしは、貧乏くじを引いたのでしょうか？

愛のメッセージ

親の介護は貧乏くじでもなんでもありません

親の介護をくじにたとえてはいけませんね。親が子どものめんどうをみて、やがて子どもが親のめんどうをみる、その年代になって、あなたに順番が回ってきただけのことです。

貧乏くじを引いたとか運が悪いとか思っているのかもしれませんが、それなら世界じゅうの人たちが貧乏くじを引いたということになってしまいます。いまや毎日のようにテレビでも新聞でも介護のことが取り上げられているように、介護は親がいるかぎり、だれにとっても身近なものなのです。

お兄さんから、親の介護をしろと言われたということですが、精神疾患のあるあなたへの配慮が足りないのでしょう。

そんなお兄さんは、判断力がまるで確かではありませんし、妹だけに押しつけようとする無責任な人です。

介護は、きょうだいがいればおたがいに助け合っていけるとだれもが期待してしまいがちですが、あなたのようにきょうだいはだれも助けてくれないと悩んでいる人もじつはたくさんいるのです。

当てにするからつらくなるのです。ですから、初めからあなたには兄はおらず、自分は一人っ子だったと思って、これまでどおり両親の所へ顔を見せに行ってあげましょう。

あなたが同居していなくても、両親が介護サービスを受け、きちんと生活できているということは、とても恵まれています。

介護費用を捻出できずサービスを受けられない人や、老人ホームなどの施設の受け入れ先が見つからず、苦労している人たちもいるわけですから、あなたの置かれている環境は嘆くべきものではありません。

そのうえ、片思いの相手がいるなら、結構なことではありませんか。世の中には片思いの相手さえいない人がたくさんいるのですから、それはあなたにとって宝くじといえます。

◇恋を存分に楽しみましょう

介護の苦労は当事者にしかわかりませんが、片思いの相手との時間もだいじにしましょう。

ある程度の事情は話しても、けっして愚痴を言わず、明るく振る舞っていれば、「この人は苦労しているのに、明るくていい人だな」と、いつかあなたに好意を持ってくれるかもしれません。そのためには、こざっぱりと清潔にして、ほほ笑みを絶やさず、けなげな姿をみんなにも見せるようにしましょう。

孝行のしたい時分に親はなし、と昔から言うように、あなたは後悔することのないように両親の介護を続けながら、自分の時間も楽しんでください。たとえ恋が実らなくても、ステキな思い出がささやかでも宝物となって、いつまでも心に刻まれることでしょう。

（二〇一九年七月）

お悩み

暴言を吐く夫の介護にどう向き合えば？

北海道　S子（五十代）

今年で結婚して三十年がたちます。夫は事故に遭ってからしばらくは入院生活を送り、その後退院してからは、自宅でベッドでの生活が続いています。わたしは、そんな夫の世話をする毎日です。

わたしと夫は小さな町で育ち、学校も同じでした。そんなことから、育った環境や価値観がいっしょだと思い、二十六歳のときに結婚しました。ところが、結婚当初から夫は大酒を飲み、朝、わたしが起こしに行くと、気分がすぐれず起きられないためか、激しくどなり散らしました。

また、食事を出せば「こんなみすぼらしいものが食べられるか」とどなります。

わたしがなにか言おうものなら、「おれ様に口答えするのか」と、一方的な口調でものを言います。なにもかもが亭主関白気取りなうえ、父親としての自覚もありません。一人娘が受験に失敗して落ち込んでいるときも、酔った夫は娘を励ますでもなく、お笑い番組を観て笑っていました。それ以来、娘は父親を毛嫌いして顔も合わせなくなりました。

夫とはほとんど会話はありませんが、わたしの両親や親戚の悪口は夢中になって話してきます。一回しか会ったことのない母のことを金に汚いやつ、小さな工場でまじめに働いている父のことをばかだと言うのです。

夫に逆らうと暴力をふるわれるので、わたしは三十年間我慢して生活してきました。現在、体が自由に動かない夫は、ベッドから暴言を吐いたり、どなったり、動く手で暴力をふるったりする毎日です。こんな夫を、どんな気持ちで世話をしていったらよいでしょうか？　せめて、ふつうに会話ができればよいのですが。

愛のメッセージ

発想を転換しましょう

よくぞ三十年も我慢してこられましたね。結婚当初であれば離婚を勧めますが、三十年も連れ添ったわけですから、ものはついで、最後までめんどうをみる覚悟を決めてはいかがでしょう。

健康な人は、指一本でも自由に動かなくなれば、腹立たしく、苦しくなりますから、体が自由に動かなくなれば絶望的な気持ちでしょう。とても理性的ではいられなくなって、精神を正常に保つことができなくなるのは当然です。

あなたの夫は、もともと理屈が通じないうえに、体が不自由になったことで、さらに暴言がひどくなっているようですから、あなたが望むようなふつうの会話が、はたしてできるようになるのか、それはたいへん難しいことのように思います。それでは、どのような気持ちでこれから夫に接していけばよいのでしょうか。それには、発想の転換を図るしかありません。昔の人は、自分の身によくないことが起こると、前世からの因縁と捉《とら》えました。たとえば、お釈迦様のこんな逸話があります。

◇前世では逆の立場だったと考えてみては

ある親子が、長者の家に物乞いをしに行きます。屋敷の入り口には、「物乞いする者は百打ちの刑に処する」という立て札があったのですが、子どもは字が読めませんし、母親は目が不自由です。

なにも知らずに入っていったところ、さんざんたたきのめされ、親子は泣きながらお釈迦様の所に言いつけに行ったのです。お釈迦様が長者を懲らしめてくれるにちがいないと期待したのですが、「後日、森で説法をするからいらっしゃい」と言うだけです。

いよいよ説法の日、お釈迦様はその親子と長者を並ばせ、「長者、よく聞けよ。この子どもは、前世ではお前の父親だった。そして、百打ちの刑をつくり出した本人だった。子どもよ、お前は前世では多くの人を百打ちの刑でひどい目に遭わせたために、生まれ変わったいま、自分が百打ちの刑を受けるはめになった。そして長者よ、おまえは自分の父親を百打ちの刑にしたのだぞ」と、両者に言って聞かせたというのです。

この逸話が、かならずしもあなたに当てはまるとは言えませんが、前世ではあなたと夫の立場が逆だったかもしれないと考えてみて、これから介護なさってはいかがでしょうか。そうすれば、やさしさと思いやりの感情が生まれ、手助けできるでしょう。

だれでも年月を重ねるほどいろいろな問題が出てきます。それが人生というものでしょう。諦めて、居直って、でも、冷静さを保つしかありません。
そうは言っても、話が通じない相手の介護はつらいものです。ときにはカラオケなどで発散しましょう。

（二〇一九年四月）

お悩み

お墓をどうしたらいいかわからない

山口県　匿名希望（七十六歳）

お墓のことで相談いたします。三十六年前に、夫ががんで亡くなりました。長男を亡くした義父母の悲しみはたいへんなもので、二人ともその後に体調を崩し、一年後には義父が、二年後には義母が亡くなりました。その後、夫の弟が家を継ぎ、先祖代々のお墓を建てました。夫の遺骨は、義父や義母の遺骨と共にそのお墓に入っています。

わたしは夫のことを思い、お彼岸、お正月、お盆などにお墓参りをしています。いっときは、わたしが別にお墓を建てて、夫といっしょのお墓に入ろうかと考え、墓地を購入したこともありました。しかし、時がたつにつれて考えが変わりました。

夫は長男であり、親孝行な人だったので、今となっては、義父母といっしょのお墓のほうがよいだろうと考えています。けれども、夫の弟が建てたお墓にわたしが入ることには、抵抗を感じるのです。

来年でわたしは喜寿になりますし、また自分のお墓のことについて考えてしまいます。現在は、昔と比べるとお墓の形や考え方もずいぶん変わってきています。わが家のまわりでも、樹木葬のお墓が販売されるようになりました。また永代供養や海洋散骨など、多くの選択肢があり、なにを選べばよいのかわかりません。

子どもたち二人は都会で生活しているので、こちらには戻ってこないと思います。子どもや孫にはできるだけ負担をかけたくありません。お墓のことは、わたしが死んだあとに子どもたちの考えに任せたほうがよいのかもしれません。

もうずいぶん長いあいだ、お墓のことについて悩んでいます。わたしはどうすべきでしょうか？

愛のメッセージ

元気なうちにあなたの本心を伝えましょう

お墓のことは、だれもが悩むことです。今はいろいろなお墓の形がありますでしょう。

わたしの場合は、故郷である長崎には家族がだれも住んでおりませんので、父方のほうは墓じまいをして、東京にお墓を移しました。ですから、今はわざわざ長崎へお墓参りに行くことはありません。わたしのうちと同じように、墓じまいをする人は少なくないようです。

結局は残された人たちがお墓参りをしやすいようにするのが、一番なのではないでしょうか。

あなたも子どもさんたちと今のうちにお墓をどうするのか、話をする機会を設けたほうがよいでしょう。お墓参りをするのは子どもたちです。今の墓所までお墓参りに行くのがめんどうで嫌だということであれば、子どもさんたちが住んでいる地域の近い所にお墓なり共同墓地なりを買って、そこへあなたの遺骨を納めてもらうようにしてはいかがでしょうか。

そうすれば、ゆくゆくは子どもさんたちも同じお墓に入るでしょうから、この先も孫やひ孫にお墓参りをしてもらえます。

でも、義理の弟さんは当然あなたも夫と同じお墓へ入るものだと思っているのではないでしょうか。女性は嫁ぎ先のお墓へ入るのが一般的です。よほど夫と仲が悪かったとか、義父母が嫌いだというなら話は別ですが、この相談文を読むかぎり、そんな様子は見受けられませんので、夫とお墓を別にする必要はないでしょう。

弟さんには、「嫁として夫といっしょにいたいので、夫といっしょのお墓に葬ってもらってもいいですか?」と、話をしてはいかがでしょうか。弟さんがお墓を守っていくのであれば、先々まできちんと管理してくれるはずですから、なにも心配する必要はないでしょう。

◇それなりの準備をしておきましょう

いちばん避けたいのは、いまあなたがこうしてお墓のことで悩んでいるのに、だれにも相談せずに、自分の思いを隠したままにしておくことです。あなたの本心がわからないと、あなたが亡くなったあとで困るのは子どもさんたちや弟さんです。

これは、読者のみなさんにも言えることですが、自分が亡くなったあとの遺品整理やお墓をどうしたいのかなど、ある程度のことは身近な人たちに気持ちを伝えておくことがたいせつです。

そして、だれかにお願いするからには、それなりのお金を残しておく必要もあります。費用や手間がいろいろとかかることですから、必要経費くらいは残しておきましょう。
あなたがすべきことは、まずは子どもさんたちや弟さんとよくよく相談することです。まわりに負担をかけたくないと思うのなら、元気なうちにそれなりの準備をしておきましょう。

（二〇一九年三月）

第3章

悩んでもムダ。まわりを気にせず自分を信じて

お悩み

大学進学にこだわる義母

佐賀県　女性（三十九歳）

この春、長女は高校を卒業して就職し、家族全員ホッとしているところです。しかし義母は大学にたいへんこだわっています。長女が大学に進学しなかったことを、不満に思っているのです。

義母は、自分の子どもたちが全員大学を卒業していることを今でも自慢しており、大学は出してやるべきという考え方です。

しかしいま、わたしたち夫婦が中心となって農業をしていて、経営はたいへん苦しい状態です。

もちろん家計が苦しいという事情は義母も知っているのですが、「お金がかかっても、財産分けと思って大学は出してやるべき」という考えです。

義母は、「今どき大学も出ていないなんて……恥ずかしい」と言います。

長女も面と向かって言われて、たいへん嫌な思いをしたとわたしに言いました。

同居している義母と長女にどのように接すればいいか悩んでいます。考え方や対応方法を教えてください。どうかよろしくお願いします。

愛のメッセージ

歌でも歌って聞き流しなさい

あなたのお義母《かあ》さんは、孫や家族、まわりの人にたいする愛情よりも、自分のことしか考えずに生きてきた人ですね。自分の面子《めんつ》、自分が世間からどう褒《ほ》められるだろうか、ということだけを考えてきたのです。このお義母さんの秤《はかり》は壊れているのです。

大学を出ても、ろくな人間がいないということは、新聞の三面記事を見ればわかることでしょう。大学を出ても、犯罪に手を染めた人はたくさんいますし、大学を出ていなくても、立派な人はたくさんいます。今は、実力本位の時代。このお義母さんは、時代認識がずれているシーラカンスです。こういうのを、「老害」と言うんです。現代に生きたければ、現代に生きられるように、頭の切り替えをしなくてはいけません。その人が大学を出ているか出ていないかということは問題ではなくて、その人が人間として立派か立派でないかということが値打ちです。ですから、この本を読ませてあげなさい（笑）。

「大学なんか行かなくても、立派な人は立派だからね」って言うようなら、ばあさんのくせになんて話せる人なんだろうと尊敬されます。そのほうがよっぽどかっこいい。このお義母さんは、野暮なほうを選んで、それがかっこいいと思われると勘違いしているんです。つまり、教養がないということです。

◇百の言葉より沈黙

娘さんも就職後は、なるべくうちにいないようにすることですね。独立して部屋を借りて、おばあさんが亡くなったら、戻ってくればいい。もし、自分よりも孫のことを考えてくれるような人なら、「この就職難でたいへんな時代に、よく仕事が見つかったわね。お赤飯でも炊きましょう」って、祝ってあげて、孫を励ますのが、祖母の立派なあり方でしょう。それを、けなして、大学も出ないなんてと言うほうがおかしい。

こう考えてくると、おじいさんはいままでの生涯、かわいそうだったわね。一事が万事そうだったと思います。自分の亭主よりも、世間体を気にしている人なんですから。

こういう人は、もう手後れですね。直らないから放っておきなさい。頭の上三メートルぐらいの所で返事をして、五体でまともに受け止めないことです。お義母さんがなにか言い出したら、「はいはい、そうですか」って聞き流しておけばいいんです。まともな人だったら、四つに組んでけんかをしてもいいけれど、とても正面から向き合えるような人じゃありませんから。

このお義母さんにお嫁さんであるあなたが、いろいろ文句を言ったら角が立つでしょう。もしもたしなめるようなことを言ったら、このお義母さんは負けず嫌いでしょうから、あなたのご主人につべこべ言うでしょう。それではご主人とあなたの間にひびが入ってしまいます。ご主人にしてみても、自分の母親に妻が口答えをしたとなればいい気持ちはしないでしょう。

義母の言うことは聞き流していれば、ご主人も「よく我慢してるな」と思ってくれて、夫婦間に亀裂が入ることはないでしょう。それがいちばん利口なやり方です。沈黙は金という言葉があるでしょう。百の言葉でたしなめるより、黙っているほうが力があるのです。お義母さんがいろいろ言い始めたら、心の中で民謡でも歌いだしたらいいのよ、ソーラン節でも（笑）。

（二〇〇三年十月）

お悩み

不満や愚痴だらけの姉に手を焼いています

北海道　M（二十九歳）

コロコロと仕事を替える姉に、もう家族一同、手を焼いています。

姉は、勤めていた会社を突然辞めて、イギリスに半年留学しました。二十九歳のときです。もともとお菓子作りが好きだったので、帰国後、紅茶の専門店でケーキを作る仕事を始めたのですが、一年足らずで辞めてしまいました。その理由というのが、聞いてあきれてしまうのです。「経営方針が違う」「わたしだけ嫌な目にあっている」など、そんなことばかり言うのです。

その後、別の飲食店でケーキ作りの仕事に就いたのですが、また一年ぐらいで辞めてしまいました。そして去年の十二月から小料理屋で仕事を始めましたが、もう

「辞めたい、辞めたい」と言いだしたのです。「オーナーの人間性が低い」など、人のことばかり言っています。

姉は仕事で嫌なことがあると、わたしや二十六歳の弟に愚痴をこぼします。仕事ですから、いろんな人がいるのは当たり前ですし、自分から歩み寄っていくこともだいじだと思います。姉にたいしても、そういうアドバイスをしてきました。しかし姉は、自分に都合の悪いことを言われると黙ってしまうのです。たぶん妹のわたしに、見下されたり、諭されたりするのが嫌なのだと思います。母も「困ったわね」と嘆いています。

毎回同じことの繰り返し。これからわたしは、姉に厳しく言ったほうがいいのか、それともなにも言わず放っておくべきなのか？　どうしていいのかわからなくなってきました。どうかアドバイスをお願いします。

愛のメッセージ

放っておきなさい

あなたのお姉さんは、地球を自分のうちだと思っているのです。あなたがお姉さんのことを心配したりするように、地球のみんなも、自分をだいじに思ってくれて、お父さんやお母さんみたいにやりたいことをやらせてくれる。世間が、親きょうだいと同じだと錯覚しているのです。

こういう人は、放っておけばいいの。落ちる所まで落ちればいいのです。地球と自分のうちは違うということがわかるまで。それには、まわりがめんどうをみないことですね。あなたも姉思いはいいけれど、それが逆に本人を甘やかしてダメにしているのです。

あなたにしてみれば、少女だった頃のお姉さんの思い出を引きずっているのかもしれないけれど、外の人間から見れば、いい年した単なるオバサンですよ。子どもを教育して、人生を教えなきゃいけない年なのに、まだ保育園のわがまま娘みたいなことを言っているわけでしょう。甘やかしほうだいに育てた親の責任です。

こんなままで社会に出たら、世間のほうが迷惑します。お店の経営者というのは、自分でお金を工面して、どういう店をやりたいとか、どういうお客さんに来てもらいたいかとか、経営者なりの夢があるわけです。それなのに、雇ってくれたその人の店に入り込んでいって、自分のやりたいほうだいやって、経営方針にまで口を出すっていうのは論外です。

そんなに文句ばかり言うんだったら、自分のお金でお店を経営してみればいいのです。それだけの能力がないのに、つべこべ言わないことですね。苦労するのは嫌だけど、おいしいところだけはやっていたい。こういうのを慢性横着炎って言うんですよ（笑）。

◇自立した関係を

まあ、こういうはた迷惑な人間はどこにでもいます。なるべく近づかないことですね。百害あって一利ないんですもの。

よく人は、「親子じゃないの」「親戚じゃないの」「友人じゃないの」と言って、相談事、お金の貸し借り、愚痴などを当然のように持ち込みます。でもほんとうは、親きょうだいであっても、友人であっても、おたがいに一個の独立した人間なのですから、できるだけ迷惑をかけないようにしなくてはいけないのです。

だれだって、相談やお金の貸借問題は、迷惑だし困るものです。自分がお金を貸してくれって言われたら嫌だと思うのに、自分が困ると平気で頼んできて、協力してもらえないと、冷たいって恨む。ほんとうにまちがった考え方です。そのために古代からどれだけ悲劇が起こってきたことか。親のため、きょうだいのため、ほれた男のため……と。

もちろん、やってあげるのは勝手ですが、「親きょうだいは助けてくれて当たり前」という考え方のままでは、いつまでたっても自立できない人間ができてしまいます。あなたのお姉さんがまさにそう。

あなたのお姉さんは、いままで家族で夢を見せてきたから、こうなったのです。現実と空想の間で生活してきて、そのギャップに付いていけなくなっているというのが今の状態です。

結論は、放っておけということです。

（二〇〇二年八月）

お悩み

一人でも平気って異常ですか？

愛知県　M香（十五歳）

わたしには親しい友人が一人もいません。別に人が嫌いというわけではないし、一匹狼を気取っているつもりもありません。

担任の先生からは、「高校生にもなって、みんなと同じような人づきあいもできないのか」と、何度も言われています。先生がわたしのことを心配して言ってくれるのはわかりますし、わざと心配をかけたいわけでもありません。

以前からそうなのですが、わたしは、人と親しくなるにつれて、その人と話をするのが、だるくなってしまうのです。せっかくわたしなんかと話をしてくれている相手にたいして、うっとうしいとすら感じてしまうときもあるくらいです。

自分でも最低だと思っているのですが、これまでどうしても変えることができませんでした。

今のクラスにもだれも仲のよい人がいないので、毎日一人でお弁当を食べています。そんなときクラスの人に「寂しくないの？」と聞かれたのです。

そう聞かれて自分でも初めて気がついたのですが、わたしは先生に何度も言われたから気にしているだけで、一人でいることを寂しいと思っていないし、特別、不安にも感じていないのです。

他人との交流が少ないことに寂しいとすら感じないわたしは、異常なのでしょうか？

もし異常だとしたら、これからどうしていけばいいのでしょうか？　やっぱり十五歳にもなってこんなことを思うのはおかしいですか？

愛のメッセージ

あなたはとても幸せですよ

異常でなにが悪いのでしょう？　並よりははるかにすばらしいじゃありませんか。ところが、みんな同じであることがまともで正義だと思っている人がとても多いですね。

それこそがおかしいのです。たとえば、「あんな人と同じですって？　冗談じゃないわ。わたしはあんなんじゃないわ。いっしょにしないで」って、みんなそう言うくせに、別の場面では、「あぁ、みんなと同じでよかった」なんて言うでしょう。矛盾しています。ばか以外のなにものでもありません。もうちょっとものを考えてほしいものです。

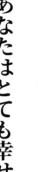

人間は、一人一人、ご飯の食べ方から、好みから、体型から、すべて違います。同じ顔、同じ思想、同じ性癖の人間が、パッケージされた卵のようにずらーっと並んでいたら、それこそ気持ち悪いでしょう。あなたは、異常でもなんでもありません。人と違うのは当たり前です。

一人でお弁当を食べて寂しくないのと聞かれた、とありますが、では、あなたのクラスメートたちは、一つのお弁当を、何人かで食べさせ合っているのですか？赤ん坊と母親ならありうることですが、机を並べているだけで、だれだって一人で食べているでしょう。あなたが気にすることはまったくありません。

ただし、世の中は一人では生きてはいけません。病気になったときに助けてくれたり、お金に困ったときに貸してくれたりする人はいたほうがいいですから、おつきあいは適度にしておくべきでしょう。まちがっても、無理に友達をたくさんつくろうとしないことです。

◇友達の数と幸せは別

友達や親戚が多いことが幸せであると考える人がたくさんいますが、友達や親戚は多ければ多いほど、もめ事や相談事、トラブル、悩み事も人数分だけ増えるものです。世間一般に、自分が困ったときのことばかり考えてしまいがちですが、逆に友達や親戚がいっせいに困ったときには、いっせいに頼られ、いっせいにお金を借りにやってくるのです。考えただけでも恐ろしくなります。

友達や親戚が多いからといって幸せということではありません。それと同じ量の悩みが束になって押し寄せてくることもあるのです。

浅はかな人たちは、一人でいる人にたいして、愛を知らなくてかわいそうと思いがちです。でも、相手は人間です。鉄や金でできているわけではありませんから、病気にもなれば死ぬこともあります。浮気されることもあるでしょう。愛が深ければ深いほど、トラブルが起きたときには、内的な損失が大きくなるのも事実です。

こう考えると、あなたはとても幸せですね。一人でいることを寂しいと思わないわけですから、いろいろな人がよけいなことを言ってきたら、「役にも立たないうるさいばかりの友達がたくさんいて、トラブルをいっせいに持ち込まれたらどうするの？　さばけるの？」って言ってやればいいのです。友達がいなければ、裏切られることもありませんし、逆にこちら側も裏切る罪を犯さなくてすむのです。

そのかわり、いざとなったら自分の始末は自分でつけるという覚悟はしておかなければいけません。人とつきあわない代わりに、人には迷惑をかけないこと。いつもは無愛想で、困ったときだけ助けを求めてくるような人は、みんなから相手にされませんから、見放されるだけです。そうなることを少しでも不安に思うのなら、ふだんから社会常識程度にはきちんとあいさつして、付かず離れず、適度なおつきあいぐらいは心がけるほうが賢い生き方です。

（二〇一〇年一月）

お悩み

わたしをいじめた人への憎しみの気持ちが消えません

岡山県　匿名希望（二十八歳）

わたしは昨年の春から、介護施設で働いています。施設は三階建てで、各階に職員が六人、入居者が九人ずついます。

初めに配属された三階の男性リーダーは「見て覚えろ。やる気があるなら休日出勤してでも習いにこい」という人で、他の職員も柄の悪い人が多く、暇さえあれば人の悪口ばかり言っていました。

当然、新人のわたしが一番の餌食で、ちょっとしたミスをみんなに大声で言いふらされることが日常茶飯事。言い返さないのをいいことに、身に覚えのないミスまでわたしのせいにされたこともたくさんあります。

そんな職員たちがいやで、距離をおいてつきあうようにしていたら、こんどは、「対人能力がない」と言われ、障害があるとまでうわさされました。

それでも美輪さんの正負の法則を胸に、いつかはいいことがあると、前向きにがんばって、自分からみんなに話しかけるようにしたり、休日出勤をしたりしました。おかげで、入社五か月めにして、一階への異動が決まりました。今はいい職員に囲まれ、楽しく仕事をしています。

しかし、ふとしたときに三階での出来事を思い出すと、つらくて胸が締めつけられそうになります。何度思い出しても暗い気持ちになり、涙が出てくるのです。ときには夢に見て、うなされることもあります。こんなにわたしを苦しめた人たちを憎らしく思ってしまうのです。

どうすれば、人を憎たらしく思う気持ちは消えるのですか？ 自分の気持ちをどのように処理したらいいか、教えてください。お願いします。

愛のメッセージ

最初が地獄でよかったのよ

そうですねぇ……隙《すき》をみて階段から突き落とすとか、ちょっと足を引っかけるとか？　事故扱いになりますから、簡単に解決しますね（笑）。

冗談はさておき、憎らしく思う気持ちは、残念ながら一生かかっても消えるものではありません。わたしでさえ、憎しみという感情を完全にぬぐい去ることはできていないのです。だからといって、憎しみをいだいたまま、日々を送っているわけではありません。うれしいことに、『ああ正負の法則』を読んでくださっているようですから、こんなときにはどう考えればよいのか、お教えしましょう。

まず、初めから一階の優しい人たちばかりの職場に配属されたとしたら、あなたはどうなっていたでしょう？　ありがたみを感じることもないでしょうから、こんなものかと思ってしまって、感謝することもなく、仕事に生きがいも感じられなかったかもしれません。あなたの場合は、初めに地獄を経験したわけですから、一階の職場のよさを感じることができたのではないでしょうか。

白の白さを味わうには、その隣にできるだけ黒いものを置いたほうがよいのです。試していただきたいのですが、深い黒の隣に生成り色のものを置くと、真っ白に見えて少しも黄ばんで見えないものです。ところが、浅い黒の隣に白いものを置いても、真っ白には見えません。つまり、今のあなたが感じていることと同じで、地獄を経験したからこそ、一階でのちょっとしたなんでもないことが、ものすごく極楽に思えるのです。三階に比べたら天国だと思っているようですが、ほんとうは天国でもなんでもなくて、当たり前のことなのかもしれません。

これは、神様がいいあんばいに手配をしてくれて、天国のすばらしさやありがたみを強く味わうために、まずは地獄を味わわせたということでしょう。

◇別世界の人間と思いなさい

この地球には、魔界人と天界人の両方がいます。三階の人たちは、魔界の鬼のくせに生意気にも介護の仕事に就いたわけですね。介護といえば、いまやなくてはならない重要な職業ですが、この世には悪い人間のほうが多いわけですから、魔界人がこうした職業に就くこともありうるでしょう。そういう人たちには期待をしても、がっかりさせられるだけ。自分とはまったく違う世界の人間なのだと思って接するほうが賢い生き方です。

たとえばライオンにはライオンの、馬には馬の、犬には犬の世界の法則がありますから、それらの動物たちに人間と同じものを要求してはいけません。なにより、言葉が通じないでしょう？　これと同じで、魔界人は人間ですが言葉が通じないのです。そこで、なぜ人間の優しい心遣いをあなたは持っていないの？　と言うのは、人間とは細胞から構造からすべてが違うネズミに、なぜ人間と同じ脳を持っていないの？　と言うくらいばかばかしいこと。だから、そんなことを考えるのは、もうおよしなさい。

今後は憎らしい人やいやな人にかかわったら、これは魔界人がわたしに修行の場を与えてくれたんだ、わたしは魔界人じゃなくてよかったと思えばよいのです。今でも三階の魔界にいるのであれば話は別ですが、今は天界にいるわけですから、魔界人と住む世界が違うことに誇りを持って仕事に励みましょう。

魔界を知っていてよかった。だからこそ、わたしは天国のありがたみや心地よさを、ちゃんと理解することができた。世の中はうまくできているなと思いませんか？　こう考えれば、少しは憎い気持ちが紛れるでしょう。これからは、憎い気持ちをちょっと横に置いて、あなたを必要としている人たちのために、心を使ってあげてください。

（二〇〇八年四月）

お悩み

車いすの夫と出かけると、人に迷惑をかけるのでしょうか

山口県　R子
（六十六歳）

夫の介護を自宅でして十三年めになります。

夫は家の中では、手すりを使ってトイレや洗面所に自分の力で行くことができますが、風呂に入るときや、外出するときは車いすを使うので、介助が必要です。

夫はもともと外に出ることが大好きな人です。仕事で忙しいときにも、合間を見つけては、子どもたちを連れて旅行や買い物に出かけていました。

介護が必要になって間もないころは、週二回のリハビリが貴重な外出の場でした。しかし、それでは息が詰まるだろうと思い、夫が行きたいと言う所には、連れていくことにしました。外で食事をしたり、孫の運動会に行ったり、花見をしたり、地

区の集まりに行ったり……。リハビリ以外にもなにやかやと、週一回は出かけているると思います。

いつものように車いすの夫を連れて、出かけているときのことです。知らない人たちがうわさ話をしているのが聞こえてきたのです。

「こんな体になった人を連れまわして、まわりに迷惑がかかるのが、わからないのかしらね」というような内容でした。

夫は五十四歳という若さで倒れ、介護が必要になってしまったのです。もともと出かけるのが好きな人ですし、年齢的にも、まだまだ外に出たがるのは無理もないと思います。ですから、わたしは夫が行くと言う所には、できるだけ連れていくことに決めたのです。

これからも人の言うことは気にせず連れ出したいと思っているのですが、いかがなものでしょうか？

アドバイスをお願いいたします。

愛のメッセージ

正しいと思うことを続けなさい

自分の心がよこしまだったり、悪いことをしていたり、ほんとうに他人に迷惑をかけているのであれば、一考の余地はあります。けれども、あなたはけっしてそうじゃありません。心からご主人を愛していらっしゃいますね。

介護は実際にやっていらっしゃると、いろいろとたいへんなことがおありでしょう。でも、自分の気持ちは横に置いておいて、ご主人が自分の足で出かけられないことがどんなにつらいか、その気持ちを思って、あちこち連れていってあげたい、ご主人の杖になりたいという思いやりは立派なものです。ですから、だれにはばかることがあるでしょう。

それなのに、「人の迷惑を考えないのかしら」と言う人たちは、最低の恥ずべき人間です。悪魔のささやきですね。いったい、あなたがたご夫婦が、その人たちに、どんな迷惑をかけたというのでしょう？「介護はたいへんでしょうけれど、でも、楽しそうにやってらっしゃるからご立派ですね」、と言うのがまともな神経の人たちです。

うわさをしている悪意の塊みたいな人は、人間ではありません。悪魔です。そういう連中は、天界人でもありませんし、まして地球人でもありませんから、相手にしないことです。

そんな悪魔の声を気にして、ご主人の外出をやめさせたりしたら、相手の思うつぼ。それこそ、ご主人が外出できなくなったことで、うつになったり、あげくの果てに自殺したりしたら、悪魔たちは「ウヒウヒオホオホ」と笑うでしょう。

◇天使が悪魔に負けてはだめ！

魔界人は、天使に逆らって悪いことをさせようとするもの。一人でも不幸な人を増やせば、「おまえ、よくやった。偉い偉い」と、点数が上がるのです。

そういう人種は、人間の姿を借りて、地球に紛れ込んできています。外国のホラー映画に悪魔が出てきたりしますが、あれと同じ連中だと思ってまちがいありません。悲しいかな、こういう心の腐った最悪の連中は、世の中にたくさんいます。もはや、地球にいる人間の半分くらいを占めている恐ろしい時代なのです。

お釈迦様も菩提樹の下で修行している間は、悪魔が次から次へと誘惑したり、攻撃を加えてきたりして何度も修行をやめさせようとしました。

あなたもそれと同じこと。そのとき、お釈迦様は、「悪魔よ、去れ！」と言ったそうですから、あなたも次になにか耳に入ってきたら、振り返って、「悪魔よ、去れ！」と言ってごらんなさい。そうしたら、パッと消えるでしょう（笑）。

なにもやましいことはしていませんし、立派なことをしているわけですから、この先もご主人と二人仲よく外出なさってください。

あなたのように善行をしている人には、手を替え品を替えて、やめさせようとする試練がやってくるものです。わたしも、人のためになるような歌をうたったり本を出したりしていますが、偽善者だと言われることが今もよくあります。妬《ねた》み、そねみ、ひがみ、こうした悪しき心を持っている人たちは、自分自身が偽善者だから、心から善意でしている人や、他人のために尽くしている人が、苦々しく見えるのです。

悪魔にとって天使は敵。ですから、悪魔に負けてはだめです。正しいと思ったことは、どうぞ胸を張って続けていってください。

（二〇〇九年十一月）

お悩み

浮気していた夫と彼女を許すことができません

愛知県　匿名希望（四十五歳）

私は結婚二十六年めの夫と成人した子ども、夫の親と暮らしています。悩んでいるのは夫の浮気です。十年くらい前からうすうす感づいておりましたが、知らないふりをしてきました。子育てや仕事、親の介護に忙しい毎日で、夫のめんどうをみることができなかったわたしにとっても、好都合だったのかもしれません。

それでも悩み苦しみ、何度も夫に聞きましたが、ぜったいに浮気を認めませんでした。離婚も考えましたが、子どものために我慢しました。

ある日、出張から帰ってきた夫の洗濯物の中に女性の下着が入っていたのです。彼女からの挑戦状だと思いました。我慢の限界になり夫を問い詰めると、女性といっしょだったと認めました。わたしが離婚を切り出すと、夫は深々と頭を下げ、わたしとは別れたくない、彼女ときちんと別れるからと言うのです。

わたしは夫の言葉を信じることができず、彼女の電話番号を聞き出しかけてみました。彼女は反省するどころか、わたしを責め、「こうなったら別れるしかないですね」と、まるでひと事です。こんな女性のどこがよかったのか、夫の気が知れません。

夫はその後、信用回復のつもりか、いままでになくわたしを気遣ってくれますが、心から信じることはできません。わたしもできるなら離婚は避けたいのですが、夫と彼女のことを許せず、二人に天罰が降りかかればいいと、つい醜い気持ちになってしまいます。

わたしはこれからどうしたらいいのでしょうか。

愛のメッセージ

あなたは自分の価値を見失っています

この世に、浮気をしない男性はいません。女性も、心の中ではテレビに出てくる好みのタレントやスポーツ選手を、妄想で抱いたり抱かれたりしているでしょう？実際に、そういう人と巡り合って、相手に好かれる条件が自分に備わっていれば、だれだってタイガー・ウッズのように浮気するはずなのです。

なぜなら、生物には、自分たちの種族が断絶しないようにという生殖本能があるからです。ライオンも雌《めす》をたくさん連れているでしょう。あなたのご主人も、お金さえあればあちこちで浮気しているはずなのです。

慰めで言うわけではありませんが、あなたは嫉妬に狂って自分の価値が見えなくなっています。

自分は浮気されただめな女で、相手の女がいい女だと思っているようですが、そんなに相手の女がよければ、一刻もそばを離れません。そのうえ、あなたに謝ったりもしません。浮気を問い詰めると文句を言って暴力をふるうか、黙って家を出て行って帰ってこなくなるでしょう。

ご主人は、あなたと別れる気はないと言っているのでしょう？　相手の女に聞かせてごらんなさい。自分は都合のいい女だったのかと大暴れするでしょう。浮気もストレス解消の一つの手段にすぎません。パチンコや競輪、競馬、キャバクラと同じ。セックスの処理係なことに、相手の女は気づいていないのです。

そして自分の下着を人に見せるなんて、はしたないですね。こういうときは、カッカしないこと。金持ちけんかせず。あなたのほうがはるかに有利な条件がそろっているのです。

◇理想の女を演じなさい

そして、こういうときこそいい女でいなさい。たとえば、相手の女には作れないような、一流の料亭に来たんじゃないかと勘違いするくらいの手料理を振る舞うのです。盛りつけにこだわったり、食器も趣味のよいものをそろえたりすること。照明も蛍光灯ではなく、料理ばえのする温かい間接照明に替えると部屋の雰囲気も変わります。さらに、心安らぐようなショパンやトミー・ドーシー楽団の甘い音楽をかけてごらんなさい。

男はロマンチストですから、食事や雰囲気につられて家に帰ってくるものです。お酒を飲むご主人なら、おいしいお酒を用意なさい。扇情的な浴衣を着て、髪もきちんと結いあげて、いい女を演じるのです。自分を見失っているときに限って、女は髪を振り乱して、ぞうきんみたいにボロボロになって汚くなるものです。そうすると、ますます男はいやになります。

負を正にするもしないも努力しだい。こういうときこそ、「こんなにいい女だったの？」と思われるぐらい磨きをかけて、いい女の理想像を演じなさい。きちんとお化粧をして、暗い色の洋服は着ないこと。優しくて上品で明るくて家庭的な女を、だれが逃したりするでしょう？

そのかわり、自分からはけっして物欲しげにセックスを要求したり、求愛的な行動はいっさい見せたりしないこと。ご主人がたまらなくなって抱きついてきたら、「お門違いでしょう？」と言ってごらんなさい。すっきりしていい女でしょう？

これで、相手の女は完全に捨てられます。


（二〇一〇年六月）

お悩み

考えが合わないママ友とどうつきあえばよいですか？

岡山県　匿名希望（三十一歳）

はじめまして。わたしは美輪さんの本が大好きで、いつも宝物のように繰り返し読ませていただいています。

相談に入ります。わたしには二人の娘がいます。長女が幼稚園に入ってから、子どものお母さんたち、いわゆるママ友とのおつきあいが始まりました。

わたしは子どもの頃体が弱かったので、自分の子どもには元気に育ってほしいと、いろいろな本を読んで、子育てについて勉強してきました。食事は野菜中心に栄養バランスを考えて、手作りに努めています。

しかし、周囲のママたちからは、「今どきマクドナルドにも行かないなんて」、

「野菜ばっかり食べさせられて、子どもがかわいそう」などと、言われることもあります。

そういうママたちは、アトピーの子どもに昼食として、チョコレートドーナツを食べさせたりしているのです。他人の子どものことながら、心配になってしまいます。

最初はママたちに誘われていっしょにランチを食べに行っていましたが、お金もばかにならないので、最近では断るようにしています。

わたしは孤立しても問題ないのですが、子どもにとってはどうなのだろうかと、ちょっと心配になります。できれば考え方の違うママたちとも、うまくつきあっていきたいのですが、それができない自分にいらいらしています。

わたしはこれからママたちと、どのようにつきあっていけばよいのでしょうか。

ぜひアドバイスをお願いします。

愛のメッセージ

頑として胸を張りなさい

無理してつきあう必要はありません。つきあう価値のない人といっしょに過ごしても、時間とお金と神経のむだ遣いになるだけ。かかわり合わないことです。しかも幼稚園は、二、三年のつきあいでお別れでしょう。短い期間なのですから、気を使うことはまったくありません。

ファストフードを食べさせないと、子どもがかわいそうだなんて、そういうことを平気で言える親たちは、わたしに言わせれば、どうかしているとしか思えません。ファストフードを食べることがステータスなのでしょうか？　いまやアメリカでさえ、ファストフード業界が訴訟を起こされたりしているのをご存じないのでしょうか？　肉ばかり食べると、精神的にも不調をきたし、病気にもなりやすいことは、医学的にも証明されているではありませんか。親である以上は、子どもの健康を考えるなら、あなたがやっているように、食事には気を使うべきなのです。

わたしも、食事はお魚がメインで、三、四日に一回の割合でしかお肉はいただきません。そのときも、お肉の倍以上の野菜を食べることにしています。こうして、健康に留意しているからこそ、七十歳をすぎた今も、四時間出ずっぱりの舞台をこなすことができますし、しわ一つしみ一つありません。きっと、ファストフードを好んでいるあなたのまわりの方たちは、五十歳になったら、たるみほうだい、しわの寄りほうだいになることでしょう。

◇どちらがまともか一目瞭然

最近は、小学校も中学校も高校も、新聞やニュースで見たり聞いたりするたびに、目を覆いたくなるような出来事ばかり。給食費を平気で払わない親がいたかと思えば、このごろは、給食の味が悪いと文句を言う親が増えてきたそうですね。品数を増やせだとか、こんなにまずいものは家でも食べさせたことがないとか、だったら学校へ行かせなければよろしい。少額の給食費で、豪華な食事を用意できるわけがありません。そんなに文句を言うなら、自分たちがやってみればいいのです。

さらに、公園デビューという言葉がありますが、それはいったい、何様の社交界なのでしょう？　エリート意識を持とうとしているあさましい人たちがいて、それをマスコミがあおりたててしまうから、困った親は増えるいっぽうなのです。謙虚さとか思いやりとかたしなみとか優しさとか、そういう心を持っていることのほうが、どれほど人間としてすばらしいことか。

それでは、まわりの親たちには、どう対応すべきか、アドバイスをさしあげましょう。まず、なにか言われたら、「そうですか、そうですか」と、聞き流すこと。まちがっても「そうですね」と言ってはいけません。「か」と「ね」には、大きな違いがあって、「そうですね」と言ってしまうと、あの人はわたしに同意した、と解釈されてしまいます。ご注意を。

もう一つは、誘われた場合の口実を、あらかじめ二十個くらい箇条書きにして用意しておくことです。たとえば、おばさんが田舎から出てくるとか、母親が来るとか、夫が早く帰ってくるとか、だれかのお見舞いに行くとか、とにかく、自分の生活範囲で、都合のいいうそを用意しておいて、誘われたら、それを代わりばんこに言えばいいのです。

どう考えても、あなたのほうがまともなのは一目瞭然。なんにも落ち込む必要はありません。胸を張って、頑としていらっしゃい。そして、「うちの子は、アトピーにもオッパッピーにもなりませんの」って、余裕の笑顔を振りまいてらっしゃい（笑）。

（二〇〇八年八月）

お悩み

同性愛者は理解されにくく、生きづらく感じています

北海道　S子（五十代）

わたしは小学生の頃から男っぽい格好をすることが好きで恋愛対象は女性でした。何人かの女性を好きになりましたが、どの女性にも好きな男の子がおり、いつも実らぬ恋で終わりました。

高校生のとき、勇気を出して好きな女性に告白しましたが、無視をされ、とても傷つきました。同性のわたしを好きになってくれる女性なんていないのだと、絶望的な気持ちになりました。

そして、わたしが同性愛者であることが、家族や友人など周囲の人に知られたら軽蔑されてしまうのではないかという恐怖心が生まれました。

さらに、同性を好きになることはおかしいことであり、わたしは悪いことをしているように思えてきました。そのため、自分が同性愛者であるということを認めたくありませんでした。それから十六年間、「女性を好きになってはいけない」と自分に言い聞かせ、女性を好きにならないように気持ちを抑圧して生きてきました。

しかし最近、そんな生き方が苦しくなってきました。自分の気持ちに正直になり、「わたしは女性を好きになってもいい」と自分自身を認めることができたら、心が楽になるのではないかと感じます。

しかし、現実的に考えると、同性愛者は少数派であり、理解されにくく、世間では生きづらいような気がします。わたしはどうしたらよいのでしょうか。美輪さんの率直なご意見をお伺いしたいと存じます。

愛のメッセージ

ずいぶん時代おくれな人ね

あなたはテレビを観ないのですか？　バラエティー番組には、いつもゲイやニューハーフが出演しているでしょう。同性愛者がいったいなんの罪を犯しているというのですか。

古代ギリシャ時代、サッフォーという女流詩人がいました。彼女は同性愛者であることを公言していましたし、当時はそれをとがめる者はおりませんでした。同性愛者は市民権を得ていたのです。ところが、その時代には戦争がよく起こっていたために、人口を増やそうと考えました。

結果、宗教の教えとして、同性愛はいけないことと禁じてしまったのです。兵隊が少なければ国は滅びると考え、国の政策と宗教が結びついて、同性愛者を追放したということです。

日本もしかり。明治時代までは、同性愛は当たり前のようにありました。織田信長には森蘭丸という愛人がいたことは有名です。江戸時代には、大奥の女中同士や遊郭の女郎同士の恋愛、今でいうゲイバーもあったようです。やがて、明治から昭和にかけて日本も戦争をするようになると、古代ギリシャ同様に、同性愛者は追放されてしまったのです。

あなたはまるでその時代の人たちのように、古い考え方に縛られているのです。歴史を調べもしないで、同性愛についての知識も教養もなく、ただおののき震えているのはばかげています。

わたしは小学生の頃から、いろいろな本を読んで同性愛にたいしての知識も得ていました。戦時中も戦後も、モテまくっていました（笑）。なかにはわたしの美しさを、「気持ち悪い」と言う人たちもいましたが、「ブサイクのくせになに言ってんだ！」と、やり返しました。

知識があるからこそ、なにも恥じることはありませんでしたし、いろいろ言ってくる人には、平気でその十倍もいじめ返してやりました。

◇人は世間体や家のために生きているんじゃないのよ

上京して驚いたのは、同性愛がいけないことのように、みんなオドオドして、家族に気持ち悪いと言われたことが原因で自殺してしまった人までいたことです。家族とはいえ、どんな権利と資格で、同性愛を裁くことができるのでしょうか。趣味、嗜好、性癖、思想など、自分と違うものを排斥して葬り去ろうとするなんて、傲慢《ごうまん》以外のなにものでもありません。家族に嫌がられたら、そんな家は出ればいいのです。一人になってせいせいします。今は、東京でも大阪でも、大都市にはゲイバーやレズビアンバーがありますし、インターネットでも同性愛のコミュニティーを探すことができるでしょう。

それから、あなたは一つ勘違いをしています。同性愛だから振られたと思っているようですが、異性愛なら振られないのですか？　男女の恋愛でも同性の恋愛でも、趣味じゃなければ、断られるのは当たり前です。同性愛だから、という枠でものを考えるのは、いいかげんおよしなさい。

アメリカの一部の州では、同性同士の結婚が認められるようになりました。日本はおくれていますが、気にすることはありません。あなたは、戦時中の日本にいると錯覚しているんじゃありません？　今は自由主義、民主主義の時代ですよ。学校でなにを習ってきたんですか？　もう戦争は終わったんです。


（二〇一二年十二月）

お悩み

同僚の悪口を言う後輩たちへの接し方がわかりません

東京都　M子（四十八歳）

女性が多い職場で働いています。そこでわたしは年長者ということもあり、後輩からいろいろと相談を受けたり、仕事の愚痴《ぐち》を聞いたりすることがあります。

最近、みんながAさん（三十四歳）の悪口を言うようになりました。きっかけは、わたしが立案したプロジェクトのメンバーに、Aさんを指名したことだと思います。プロジェクトは成果もありましたが、そのときのAさんの言動が、他の後輩の反感を買ったようです。

とくに、Aさんの席に近い後輩の不満はピークに達していて、「忙しいことを大げさにアピールしてうっとうしい」「話し声がうるさくて自分の仕事に集中できない」「歩き方もドスドスしていてうるさい」など、しょっちゅう愚痴を聞かされています。

「気にするからよけい気になるのよ。放っておけばいいよ」とアドバイスしても、彼女たちの不満は募《つの》るばかり。わたしはAさんに、なにか言ったほうがよいのでしょうか？　仕事はまじめに取り組んでおり、前向きで積極的なAさんなので、よけいなことを言って、傷つけてもかわいそうです。

また、後輩たちの愚痴をうまくいなす方法はないものでしょうか。今は「ふーん、そうなんだ」くらいに返していますが、つまらない愚痴につきあわされるのもいやです。

女性が多い職場で、年長者としてみんなとどう接していけばよいのでしょうか。

愛のメッセージ

悪口は聞き流すに限ります

初めに申しあげたいのは、まずは自分の勘違いに気づいて、正すことです。いろいろと相談を受けるとありますが、年長者というだけで、あなたには係長や課長といった役職があるわけではないのでしょう？　先輩・後輩という、勤めてきた年数の違いはありますが、あくまでも同僚なのでしょう。年長者だからという考えで、みんなよりも一つ上の立場にいるという錯覚を起こして、管理職のように取り仕切らなくては、と勘違いしているのではありませんか。

後輩があなたにAさんの悪口を言ってくるのは、仲間だと思っているからです。みんなと同じ立場、同列であることを自覚して、頭一つ抜きん出ているかのような感覚はすぐに捨て去りましょう。

そして、けっしていっしょになって悪口を言ってはいけません。組織の中で生きていくためには、「見ざる、言わざる、聞かざる、思わざる」。これがいちばんたいせつなことです。Aさんは仕事はできる人なのですから、悪口の原因は、後輩たちの妬み、そねみ、ひがみです。そういう卑しい人たちと、同じようになってはいけません。

悪口を聞かされても、聞き流していることは正解です。いっしょになって、「そうよそうよ」と同調したり、批判めいたことを言ったりすれば、しめたとばかりに、あなた自身がAさんの悪口を言ったことにされてしまいます。そうして、「自分でプロジェクトに指名しておきながら、悪口を言った」と言われ、あなたが信用を失うことになるでしょう。

◇人の悪口を言う人はどこにでもいる

こういう問題は、あなたの職場だけではなく、世界じゅうどこへ行ってもあることなのですから、諦めましょう。どこにでも他人のうわさ話や悪口ばかりを言う、おしゃべりスズメがいるものです。

女性が多い職場だからということではなく、男も女も同じです。居酒屋に行ってごらんなさい。サラリーマンたちが、上司の悪口、成績のいい人の悪口を言っているでしょう。仕事のことならまだしも、女性社員にもてると、それさえも悪口のタネになるのです。女性ばかりのサークルやママ友の世界でもよくあることでしょう。ですから、悪口を聞き流す今の状態を保ち続けること以外、道はありません。

Aさんになにか言ったほうがいいのかと質問なさっていますが、なにも言わないことです。声が大きいとか、ドスドスと歩くのは、彼女の性癖ですから、立ち入るべきではありません。仮に、Aさんがしとやかに歩くようになって、声を落として話すようになったとしても、悪口を言う人たちは他のネタを探すのです。悪口を言いたい人は、どんなになだめてもすかしても、手はありません。人の悪口を言わないと死んでしまう病気なのです(笑)。

あなたもまた陰ではなにか言われているでしょうし、悪口を言っている人もまただれかに悪口を言われているのです。人間世界、どこへ行っても同じです。どうしたらいいかといえば、〝超然とすること〟。ただそれだけです。

(二〇一五年八月)

お悩み

アダルトチルドレンで、人と接するのが怖いです

兵庫県　菜月（二十八歳）

わたしはいわゆる、アダルトチルドレンです。厳しい父の下に育ち、父の機嫌を損ねると何週間も無視されました。母は父の顔色をうかがいながら暮らし、わたしも父の顔色を気にして育ちました。現在は父は丸くなり、無視することはなくなりましたが、わたしは人の目を気にすることが習慣になってしまいました。

つねに恐怖感に襲われています。自分の判断や行動に自信が持てず、名前を呼ばれただけでも「なにか悪いことをしたかな」と、内心パニックになります。とくに怒られることが怖くてしかたありません。親しい友人にも過剰に適応しようとするあまり、いっしょに遊んだあとは疲れ果ててぐったりしたりしています。

また、「～しなければならない」と思い込み、自分で自分の首を絞めていることがつらいです。中学生のとき、敬語を話さなければいじめられると思い込み、敬語で話をしていました。大学時代は「人とうまくつきあうには倫理を勉強しなければならない」と、二週間ほどほぼ飲まず食わずで勉強して、体を壊したことがありました。

現在、心療内科に通い、薬をもらっていますが、できれば薬に頼りたくありません。また、塾講師のアルバイトをしており、来年度からは理学療法士の資格を取るため、専門学校に行きたいとも考えています。今は親の庇護の下で生活しておりますが、自分一人でも強く生きられるようにするには、どうしたらよいでしょうか。

愛のメッセージ

エネルギーの方向がまちがっています

あなたは、少々のことでは壊れない分厚い鉄板のようなエネルギーの持ち主ですね。その強大なエネルギーをすべてマイナスの方向に向けているのはもったいないことです。マイナスの方向にかけるこれだけ強大なエネルギーがあるのですから、ぐるっと一八〇度方向転換すればいいのです。簡単なことです。

自分は足りないところばかりだと思い込んでいるようですが、腕力も年齢も人生経験もはるかに及ばない相手からどなられたり、にらまれたりすれば、すくむのは当然のこと。オオカミの前の子ヒツジみたいになるのは、当たり前です。これは、出来損ないの男親を持った悲劇。でも、そんなことに負けちゃダメ。

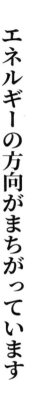

ちょっとシミュレーションしてごらんなさい。お姫様とか善良な市民が、悪代官や悪の手先に追いかけられたり、身の危険を感じたら、逃げるのは当然でしょう。昔から「三十六計逃げるに如かず」という言葉があります。三十六の戦略のうち、逃げるのが最上であるという意味です。カミナリ親父からも逃げるが勝ちなのです。

「天はみずから助くる者を助く」と言われるように、他人に頼らず、自力で努力する者には、天が助けをくれるはずです。いくら心療内科の先生の所に通ったところで、治すのは先生ではありません。あなた自身なのです。あなた自身が自己分析をして、自分で自分を治してあげましょう。

では、どうやって治すのか。まず、自分ばかりを責めるのではなく、お父さんはどういう人間なのかということを、まわりに聞いたり、自分で調べたりしてみましょう。そうすると、お父さんもまた犠牲者である場合があって、お父さんが威圧的なのはその親が悪い、ということがわかるかもしれません。

◇冷静に自分を見つめ直しましょう

いい人でまじめな人ほど、自分を責めるのです。反対に、悪い人やいいかげんな人というのは、すべてまわりのせいにします。あなたは責任感が強くてまじめすぎるのです。落ち込む筋合いはありません。わたしはなんて責任感の強いまじめで正直な人間なんだろうと、胸を張っていればいいのです。

それから、自分の短所だと思っていることを冷静に考えてみましょう。敬語を話せるのはとてもすばらしいことです。これはけがの功名。今どき敬語をまともに使える人はなかなかいません。その長所が自分の首を絞めていると思うのは大まちがい。長所なのに短所だと思い込んでいただけです。

さらには、人とうまくつきあおうと思って、体を壊してまで倫理を勉強したのでしょう？　つまり、あなたは方向転換が必要だと自分で悟って、マイナスをプラスに変えたのです。こういう実績があるのですから、今回もそうすればいいのです。家にはもうこだわらないこと。つらくて家にはいられないという段階はもう過ぎてしまったのですから、家賃がかからないシェアハウスに住んでいると思えばいいのです。

これまであなたはエネルギーの方向音痴だったのです。これからは、プラスの方向に進んでいくだけです。

（二〇一四年四月）

お悩み

自分の葬儀は質素にしたいのですが、少し不安です

広島県　匿名希望（八十七歳）

八十七歳となり、畑に出たりしながら毎日をなんとか生きていますが、いつおさらばのときが来てもおかしくありません。そのときのわたしの葬儀のことで美輪先生のご意見をいただきたい、とペンを執りました。

山深いこの里では、本家、分家など親戚も多く、昔は自宅で葬儀をしていましたからたいへんでした。今は近くに葬儀場もでき、煩雑さは少なくなりましたが、葬儀費用は結構な金額になります。

数年前に夫が亡くなったときは、百万円を用意しましたが、足りませんでした。息子夫婦の働きでなんとかやりくりしました。ちなみにわたしの国民年金は一か月

五万円ほどです。

先日、夫のいちばん下の妹が急死しました。葬儀は夫のすぐ下の弟が総指揮をしました。わが家は親戚筋の本家ですし、夫は長男でしたから、その出費もたいへんでした。妹の葬儀場はにぎにぎしく整えられて、目をみはるほどでした。わが家の供花は、かご盛りの果物と共に正面に飾られていました。それぞれ五万円かかりました。そして香典の包みは十万円。葬儀後の四十九日の法事にまた五万円を包みました。この後、一周忌、三回忌、七回忌、十三回忌と続いていくのでしょう。

どんなににぎにぎしく送られてもどうせ白骨となる身ですから、わたしの葬儀は質素にと思い、そのように遺言状を書きました。しかし、これまでの風習にならわずにそのように書いてよかったのか悩んでいます。美輪先生はどう思われますか。どうぞよろしくお願いいたします。

愛のメッセージ

それで正解です

八十七歳？　わたしよりも長く生きていらっしゃるのですから、えんま様か阿弥陀如来様にお伺いをたてたほうがよろしいんじゃございませんか？（笑）

お手紙に書かれているのは、まるで横溝正史の小説『八つ墓村』の世界。現代社会とはかけ離れた、古い因習に縛られた世界のお話のようですね。昔は、東京の情報が日本全国へ伝わるのに、二、三年かかっていました。ところが、今はどこにいてもパソコンやスマートフォン一つで世界の情報が一瞬にして手に入ります。たとえば、オバマ大統領が演説中に涙を流せば、すぐに世界じゅうの人たちに知れわたるのです。

このように、都会と地方の距離や時間、空間の差がほとんどない今の時代においては、ある程度は近代化した都会のやり方に従ってもよろしいのではないでしょうか。なにもかも従来のままのやり方でという感覚でいると、いずれ時代おくれになってしまうかもしれません。ですので、葬式を質素にしたいという遺言をお書きになったのは、わたしは正解だと思います。

「終活」という言葉があるように、今は生きているあいだに自分で自分の葬儀のスタイルを決める人は、少なくありません。花輪をズラッと並べて、リムジンのような高級霊柩車を用意して、何百万円もかける豪華なやり方もありますが、身内だけで質素におこなう葬式など、さまざまなやり方があるのです。あなたのお住まいの地域のように、親戚や隣近所と協力して結婚式や葬式を執り行うことをたいせつに守っている所もありますが、時代に合ったやり方についても考えるよい機会なのではないでしょうか。

いまやビルにお墓が入り、ボタンを押すと骨つぼが運ばれてきてお参りしたりもできる時代です。遠方へのお墓参りができなくなって近場の霊園へお墓を引っ越す人や、散骨や樹木葬などお墓を建てない選択をする人もいて、お墓にたいする考え方もずいぶん変わってきています。

◇香典も常識の範囲内の金額に

香典の金額も、見栄の張り合いのような感覚なのではありませんか？　よく芸能人がテレビで「あの人だったら三十万円は包まなきゃ」とか言っているのも虚栄心の表れそのものです。香典は、死んだ人ではなく、生きている人が使うお金になるのですから、見栄を張らずに常識の範囲内の金額にしましょう。

葬式に参列する人の中には義理やメンツでしかたなく出席する人もいると思います。ほんとうに涙し、心から惜しんでくれる人たちだけが来てくれればいいのです。昔ながらの見栄や虚栄のための葬式は、もうそろそろおしまいにしましょう。

結論として、あなたはなにも悩む必要はありません。潔い決断です。あなたが亡くなったときには、まわりの人たちはあなたの遺言どおりの葬式を執り行うことで、その地域の葬式のスタイルが変わっていくかもしれません。

あなたは今の時代に合った感覚をお持ちなのですから、自分を信じて残りの人生を心穏やかにお過ごしください。

（二〇一六年四月）

第4章

感情は不要。冷静に考えることがたいせつです

お悩み

彼のお酒をやめさせたい

群馬県　Y子（二十七歳）

わたしには、つきあって十か月になる三十三歳の彼がいます。わたしととても気が合い、いっしょにいるとすごく楽しいのですが、アルコール中毒一歩手前のお酒好きなのです。

彼は、朝八時からだいたい夜九時まで仕事をしているのですが、その後飲みに行ってしまうことが多く（週三回程度）、家にいるときもほぼ毎日、焼酎を飲んでいます。

わたしにとってたいせつな人なので、体を壊してしまわないかほんとうに心配です。実際、彼は十年ほど前、お医者さんに「きみの体には酒が合わないようだからやめたほうがいい」と言われたことがあるそうです。

わたしはいつも「お酒飲みすぎだよ」とか「減らしたほうがいいよ」と言っているのですが、まったく聞いてくれず、ときには焼酎をまるまる一本飲んでしまうこともあるのです。

「勤務時間が長くてストレスがたまるんだよ」と彼は言いますが、こんなことをしていたら確実に体が壊れます。わたしは彼をなんとかして救いたいのですが、もうどうしていいかわかりません。

よいアドバイスをお願いします。

愛のメッセージ

他の人を探しなさい

お酒は無理です。むだだから放っておきなさい。こんどは、お酒を飲む人とはつきあわないことね。他の人を探しなさい。

わたしも、昔は毎日のように一升酒を飲んでいたからわかります。わたしの場合は胃けいれんを起こして、七転八倒の苦しい思いをして、このままだと胃がんになると医者に言われたからきっぱりやめられましたけど、そうでなかったら今もお酒を飲んでいると思います。自分で痛い目にあってみないとわからないものです。わたしもあの調子でお酒を飲み続けていたら、とっくに死んでいるか、生きていても、若さなんて保てずに、ぼろぞうきんみたいになっているでしょう。

まわりの人たちにも、お酒をやめるように勧めてきましたが、すべてむだでした。だから放っておくしかありませんね。わたしもどれだけお酒をうらめしく思ったかしれません。友達も、愛する人たちも、ずいぶんお酒に取られてしまいましたから。たとえば、すごく知性的な新聞記者なのに、飲みすぎで入院して、手術して、出てきたらまた飲みだして、すぐ死んじゃった。なんのために入院したのか。そういう人ってほんとうに多いのです。

お酒を飲むにしても、「酒は静かに飲むべかりける」と、昔から言われているように、ほろ酔いかげんで、静かに話をするというのが、いい飲み方です。でもそれは、よほど文化的で知性と教養にあふれている人じゃないと無理なんです。この世の中は、そうではない人のほうが多いでしょう。

お酒を飲みすぎると、中枢神経がまひして、考えがまとまらなくなる。理性を失うから、やりたいほうだいできて、野性を発揮する。罵詈雑言《ばりぞうごん》を浴びせたり、暴れてみたり、てごめにしてみたり……。いくらブレーキをかけようとしても利かないのです。ブレーキを壊すために飲むわけだから、いくらあなたが彼にお酒をやめてちょうだいと言っても、思考能力がなくなっていて、やめられるわけがないのです。

この世の中、お酒が一つの経済を動かしています。お酒がなくなると、酒屋さんや飲み屋はつぶれるから不景気になるでしょう。だけど、ほんとうは毒です。麻薬と同じ。百害あって一利ないのです。

◇文化があれば、酒は必要ない

「酒を飲むのはストレス解消のためだ」と、彼は言っているようですが、それは勘違いです。楽器を奏でるとか、絵を描くとか、スポーツをやるとか、文化があればお酒を飲まなくても、いくらでもストレスを解消できるものです。自分の気持ちを和歌や俳句にしてみると、書くことによって発散できるし、気持ちの整理もできる。

ところが、今の日本は、文学や音楽、演劇、美術、スポーツなどを家庭の中に取り込んで活用できる人がいないから、お酒を飲んでカラオケでがなるしかない。ストレスの発散の仕方がまちがっているのです。文化さえあれば、お酒は必要ないのです。

彼のことを愛しているのはわかりますが、自分が選んだ人なのですから、悲しみを選んだと思わなきゃしようがないですね。たぶん、彼はお酒で身を滅ぼすでしょう。病気になりたいのでしょうから、放っておけばいいのです。

みんな病気になって、七転八倒して初めて後悔するものです。あなたが、どんなに魅力的で優しくても、お酒にはかないません。

（二〇〇四年一月）

お悩み

上がり性《しょう》を直したい

宮城県　女性（十七歳）

わたしは高校二年生の女子です。上がり性で困っています。どうしたらこの上がりやすい性格が直るか、ご相談したいと思います。

先日、現代文の授業で、先生から指名されて、立って音読するように言われました。文章を読んでいるうちに、だんだん手や足が震え始め、がたがたして止まらなくなってしまいました。

声も、息が詰まってしまい、やっとのことで読み終えることができましたが、クラスのみんながなにか異常なものを見るような目で、わたしを見ていると感じました。そんなふうに注目され、そこから逃げだしたいくらい、つらい思いをしました。

ふだんは、明るくおしゃべりなのに、いざ、自分がなにかを発表したりする場面になると、どうしても失敗してしまうのです。

わたしは顔にはあまり自信がありませんが、スポーツでも勉強でも、わりとなんでもできるタイプです。プライドも高いほうだと思っています。こういう部分とその自分のすごく弱い部分が、矛盾しているように感じて、とても苦しんでいます。

こんなわたしは、これからも、人前で堂々と音読したり、自分の意見を発表したりすることができないのでしょうか。この先、どうやったら、この極度の上がり性を克服できるのか、どうかアドバイスをお願いします。

愛のメッセージ

よく見せる必要はありません

上がり性の人というのは、自分自身をよく見せよう、よく見せようという心がひと一倍強いもの。ありのまま、失敗したらしたで、わたしはこれくらいの程度でしかないんだと開き直ってごらんなさい。上がらずにすみます。それが、失敗したくない、みんなに上手だと思わせよう、感動させたい、褒《ほ》められたいと、よけいなことをあれこれたくさん考えるから上がるのです。

まず、本の内容をいかに伝えるかということだけに専念してごらんなさい。どういうことが書いてあるのか、内容をよく理解し把握して、その書物と自分自身が真っ向から向き合う。そのことだけに集中すれば、上がっている暇はありませんね。

舞台でも、上がり性の俳優さんたちには、「ずいぶん余裕があるのね」って言うことがあります。そうすると、いぶかしげに、「え？ 余裕がないから上がるんじゃないんですか？」と言われます。でも、余裕がないのであれば、上がる暇なんかありません。今から演じようとする役の人物になりきって、その役の人物はなにを考えていて、どういう生きざまをしているのか。その思いを観客に伝えるわけですから、内容に集中していれば、元の自分はそこに存在している余裕なんてありません。ところが、その役の人物に自分自身が入り込んでいく作業はいっさいしないで、ただ、お客さんによく見せたい、下手だと言われたらどうしよう、声がうまく出るかしら、転んだらどうしよう、みんなからすごく上手だったねと褒められたいと、よけいなことばかり考えるから上がるんです。

舞台の上では役の人物こそが必要なのであって、元の自分自身は必要ありません。よけいなことを考えてしまうのは、余裕がありすぎるということなのです。ですから、上がる人は、わたしは信用しません。つまり、芸術にたいして、表現しようとしているものにたいして不純なのです。役に入り込むことへエネルギーを集中していれば、上がる余裕はありませんし、上がる必要もありません。

◇不純な動機を改めましょう

舞台でもそうですし、授業もそう。本の内容に集中して、理解して、それを伝えることだけを考えていればいいのに、上手に読めるだろうか、みんな変に思ってるんじゃないだろうか、すてきねって思わせよう、先生にも褒められよう、という下心があるのです。それは、読んでいる書物にたいして忠実ではありませんね。不純です。そのような卑しい心を改めないかぎり、上がり性は直りません。

つっかえても、読みまちがえても、読んでいる内容を理解して、的確に伝えようという意思があれば、それで十分、人は感動するし、説得力を持つのです。それに、こう言ってはなんですが、クラスのみんなは、あなたが思っているほど、あなたのことに注目してなんかいないでしょうし、ましてや感動させてもらおうなんて、思ってもいないはずです。あなたがそう思い込んでいるだけで、一人相撲をとっているようなもの。

他の人が指名されて読むときのことを考えてごらんなさい。どんなふうに上手に読むのかしらって思ったり、失敗すればいいのになんて、そんなことはなにも考えていないはずです。ボーイフレンドのことを考えたり、早くこの授業終わらないかなとか、おなかがすいたなとか、心ここにあらずで、五十人いたら五十人が全員、別のことを考えているものではないかしら。

どうですか？　ああ、わたしもそうだなって思い当たるでしょう？　意識して上がるのは損だなってわかるでしょう？　こう思えば、上がり性は、きっとすぐにでも直りますよ。

（二〇〇七年三月）

お悩み

離婚して母子家庭になりましたが、貯蓄がありません

愛知県　匿名希望（四十八歳）

わたしは二度離婚しており、高三、中三、中一の娘がいます。二度の結婚は、相手に求められ、「わたしでよければ」といっしょになりました。

一度めの結婚では「男児を産め」と義父から催促され続け、不妊治療もし、三人出産しましたが、女児ばかりでした。夫からは「女の子の扱い方がわからない。子どものためにいろいろ我慢したくない」と言われました。

二度めの結婚のとき、一生を共にする覚悟で家を購入しました。娘のための貯金を頭金にしました。二人で働けばなんとかなると思ったのですが、夫は家ではゲームばかりしていました。仕事には行っていましたが、家にお金を入れなくなり、

「いいかげんにしてよ！」と言ったら、二日後に出ていってしまい、連絡もつきません。介護士の仕事に忙しく、夫をないがしろにしていたのかもしれません。抱かれるのが苦痛でした。疲れていました。

母子家庭になり、介護士の仕事を続けながらローン返済などがんばっていますが、貯蓄がありません。子どもの受験費用のことで役所に相談にいくと、「働かせたら」と言われました。娘たちの父親に援助の依頼をしましたが、無視されています。長女は物理、次女は音楽、三女は絵が好きです。好きな道へ進ませてやりたいと思っていますが、娘たちを食べさせていくのが精いっぱいです。

母子家庭では進学も諦めなければならないのでしょうか。なにかご意見をいただけたら幸いです。

愛のメッセージ

今は人生の非常事態です

あなたがた家族がいま置かれているのは緊急事態なのですから、ぜいたくなことを言っている場合ではありません。娘に苦労をさせたくないという親心はわかりますが、緊急事態のときには、家族に苦労を分け与えるべきなのです。

「楽あれば苦あり、苦あれば楽あり」で、ローンの返済に苦労するのは、当然のこと。家を買うというのは、一生に一度の大仕事でお祝い事です。つまり、わたしがいつも言っている「正負の法則」で、それだけの「正」を手に入れたら、それと同じくらいの「負」が訪れるのです。楽をして家を建てられるとか、マンションを手に入れられるとか、そんなことはぜったいにありません。

まずあなたがやるべきことは、経済的なことや教育の問題について、感情的にならずに冷静に子どもたちと話すことです。母親としてではなく、女同士として。そして、子どもたちを大人として扱って、おのおのの役割分担を相談しましょう。そうすると、娘さんたちも生きるということがどんなにたいへんなことなのか、お金を百円でも二百円でも稼ぐということがどういうことなのか、理解できるようになるでしょう。

物理でも音楽でも絵でも、そういうものは五十歳になっても六十歳になっても始められます。なにも若いうちに始めなければいけないということでもないでしょう。ソチオリンピックに出場した葛西紀明選手だって、四十歳を過ぎて銀メダルが取れたでしょう。

その気になれば、いくつになってもやれるのですから、今はセンチメンタルなことを言っている場合ではありません。

◇あなた自身のロマンスは当分お預けです

現実問題として、衣食住を第一に考えることです。さいわい家はあるわけですから、住むことは考えなくていいわけでしょう。

家を売って目先の学費の足しにしたところで、そのあとは部屋を借りて、家賃を払わなくてはいけません。親子四人が暮らすとなれば、それなりに広いアパートやマンションでなければ無理でしょう。広い部屋が見つからずに別々に住むことになれば、家賃も光熱費も倍かかります。家賃や光熱費の細かい計算をしていくと、今の家に住んで、ローンを払っていったほうが安上がりで快適に暮らせるのではないですか。

亭主が出ていったのは、不幸中の幸い。ストレスにならなくてすむじゃありませんか。穀つぶしがいなくなったわけですから、ありがたいと思いましょう。

そして、あなた自身のロマンスは当分お預けです。いい人だと思って家に入れたとたん、娘に手を出されるということもあるでしょう。娘たちはこれから年ごろになってきますから、あなたの見ていない所で手を出す男もいます。そういう悲劇が起こらないように、娘たちが自立して、家の中にいなくなってから、自分の相手を探しましょう。

人生には何度も非常事態がやってくるものです。やがて、この非常事態を乗り越えられれば、あなたの、そして娘さんたちの人生が、より深みのあるものになるでしょう。

（二〇一四年六月）

お悩み

実家を継がなくていいのか迷っています

東京都　K恵
（三十五歳）

両親は青森でリンゴを作っているのですが、その後継者の問題で手紙を書きました。わたしの兄は結婚して埼玉でコンピュータ関連の仕事をしています。弟は東京の紳士服店で働いていて、将来は自分の店を持つのが夢のようです。そしてわたしは、結婚もせず東京で暮らしていて、仕事の幅をもっと広げたいと一応がんばっているところです。このように、三人とも親とは別の所で生活しています。

父は、若いころ自分の夢があり、一時は東京で勉強していたのですが、長男であるという理由だけで連れ戻されて、泣く泣く夢をあきらめて家を継ぎました。最初はつらかったようですが、だんだん仕事に魅力が感じられたようで、今ではリンゴ作りをほんとうに誇りに思っています。母から父の一生懸命な仕事ぶりもよく聞きますし、両親の作ったリンゴは日本一だと思っているのです、きょうだい三人とも。

でも、父はそんな経緯から、自分の子どもには同じ思いをさせたくないようで、一度もわたしたちに家を継いでほしいと言ったことがありません。でも、心のどこかではだれかに継いでほしいと思っているのでは、とわたしたちは考えています。

かといって、わたしたちは今の仕事を辞めて農業の世界に入っていく勇気もないし、自分たちの仕事をがんばっていきたいと思っています。

もしだれも継がなくても、おたがいに責める気持ちはないと思いますが、なんだか父ががんばってきたことを捨ててしまうみたいで、寂しい気もします。わたしたち子どもは、それをどう受け止めていけばいいのか。その点についてお伺いできればと思います。

愛のメッセージ

決断に感情は不要です

チェーホフの『桜の園』というお芝居がありますね。これは、自分の生まれ故郷の桜の園が売りに出されて、去らなければいけないラネーフスカヤ夫人の物語です。生まれ育った所が売りに出されて廃園になるというのは、チェーホフがお芝居に書いているとおり、いつの時代にもある普遍的なふつうの問題です。それがあなたにもやってきただけのこと。あなたは、自分の両親をかわいそうだと思って、親孝行ではあるけれども、つねに時代は流れていくわけです。情け容赦もなく。だから今は、センチメンタルなものに酔っている場合ではありません。

自分でリンゴ園を継げないのに、感情的にため息ついて、お父さんがかわいそう、って言っているのは無責任です。これではなんの解決もできません。人生に何度も来るこのような岐路で決断するには、情緒的なものはいっさい捨て、理性だけで考えることです。決断するには理性しかありません。すると自分の悩みは大問題でもなんでもないと気づくはずです。

まず、そんなに父親がかわいそうなら、あなたが国へ帰ってお婿さんもらってリンゴ園を継げばいいの。簡単なことです。でもそれは嫌なんでしょう。嫌だったらしようがないですよね、お父さんの代で農園はおしまいにして売り払う。そしてそれは、自分たちが選んだ道だから、つべこべ言わないこと。過去は振り返らないことですね。

お父さんだって、若い頃どうしても嫌だったなら、国へ帰らないで東京で勉強し続けているはずなのです。でも、泣く泣くであろうとなんにせよ、リンゴ園を継いでその仕事をやり遂げてきたわけだから、十分に達成感はあると思います。達成感のある人は、こういう苦労は自分だけでたくさん、子どもにはそんな思いをさせたくないという気持ちがあるはず。それが親心というものです。

だから、あなたがそこまで心配する必要はないでしょう。意外とお父さんはさっぱりしているかもしれないですし。もしも子どもが泣く泣く夢をあきらめて、嫌々リンゴ作っているのを見たら、そっちのほうがよっぽどつらいでしょう。

◇これは人生の修行の一つ

人生の岐路に立ったとき、冷静に頭から感情をどかしていくのは、なかなか最初はうまくいかないけれど、何度も苦しんだり、そういう経験を積み重ねるうちに、上達してくるものです。人間はそういう練習をすべきなのです。修行の一つですね。

ところが、多くの場合、人間はみんな逆ですよね。ぎりぎりに追い詰められたときはまずなにをするかというと、お酒を飲んで忘れようとする。でも翌日になってごらんなさい。なにも問題は解決していない。飲んで現実逃避するよりも、冷静に考えなくてはいけません。年をとっても、すぐに泣いたりわめいたり感情的になる人が多いでしょう。なんのために年を重ねてきたのか。学習能力がない。それではだめなのです。

いま、人生のプロセスの一つに、あなたはさしかかっているところだと思います。理性的に考え、問題を解決させてから、泣くなりわめくなりすればいいのです。それがいちばん上等な人間の生き方です。

（二〇〇二年二月）

お悩み

不妊症と診断され、周囲の幸せを素直に喜べません

京都府　匿名希望（三十一歳）

わたしは子どもが産めません。病院で検査をしたところ、体内に侵入してきた精子を外敵とみなして精子の運動を止めてしまう「精子不動化抗体」を持っていることがわかりました。

それ以来、自分が女性として致命的な欠陥を抱えているということが頭から離れず、人生を楽しめなくなりました。自分のアイデンティティーとはなんなのか、なにを目的に生きていけばいいのか、わからずにいます。

そして、もっとも悲しいことは、まわりの人たちの幸せを心から喜べないことです。自分だけが暗闇に取り残されているような気がして、妬みがひどく、ほんとう

に自分のことが嫌になります。
わたしのような不妊症にたいして、体外受精という方法が有効だと言われていま
す。挑戦したい気持ちは少しはありますが、「子どもを産まない幸せを探しなさい」
と運命を定められているような気がしたり、体外受精でだめだった場合の失望感を
想像するだけで、おかしくなりそうだったりして、なかなか勇気が出ません。
夫は子どもがいなくても二人で生きていこうと言ってくれていますが、おたがい
の両親は、孫が生まれるのをものすごく楽しみにしています。とくに夫の両親には
申し訳ないといつも思っています。
美輪さん、わたしに生きる希望を見いださせてください。一度しかない人生、
しっかり全《まっと》うしたいです。

愛のメッセージ

試す前に嘆くのはおよしなさい

このような方は、悩んでいるのは世界じゅうで自分一人だけだと勘違いなさる方が多いのです。

不妊治療を受けている方がたくさんいるという情報は、テレビでもインターネットでも、山ほど飛び交っています。しかも、日本だけではなく世界じゅうにいらっしゃいます。挑戦するのはおおいに結構じゃありませんか。それなのに、試す前から嘆くのは、ばかばかしいからおよしなさい。

初めにお伝えしたいのは、子どもがいればぜったいに幸せになれると思わないことです。子どもがいたために、不幸のどん底に突き落とされることもあるのです。

せっかく生まれても病気になったり、成長したと思えばグレたり、未成年の犯罪のニュースを聞くことだってあるでしょう。そうした負の面はいっさい考えずに、子どもができたら家族みんな明るく健康で、経済的に豊かでなんの苦労もない、それこそ住宅メーカーのコマーシャルのような、温かい家庭を夢見るのは、世の中を知らなすぎます。

それに、子どもとはいつまでもいっしょにいられるわけではありません。共にいるのはせいぜい高校を卒業するくらいまで。それ以降は、進学したり、就労したり、結婚したりで家を出てしまいます。

おそらく、あなたのご主人もご両親も、とてもいい人なのでしょうね。いい人たちばかりの所でぬくぬくと生活をしていると、人は悪い面を探そうとするものです。あまりにも幸せだと、不安を感じるのでしょう。そうして、マイナスの妄想を勝手に膨らませるのです。それではなんの解決にもなりません。自分はどうするべきなのか、冷静に考えることがたいせつです。

◇夫婦で文化的な暮らしを楽しみましょう

体外受精でうまくいけば御の字ですし、うまくいかなくてもともとでしょう。うまくいかなかった場合にはきっぱりと諦めて、夫婦水入らずで仲よく充実した人生を送る方法を考えましょう。

夫婦二人きりということは、恋人同士のままで一生を終えられるわけですから、それもとても幸せなことだとわたしは思います。ご主人がずっとだいじにしてくれれば、あなたはお姫様のまま一生を終えることができるのです。五十歳になっても六十歳になっても、「お姫様だっこして!」と言えるのです(笑)。

さらに、趣味を見つければ、より充実した時間を過ごすことができます。絵を描いたり、囲碁や将棋に挑戦したり、コーラスグループに参加したり、ご夫婦で社交ダンスを習ったりするのもいいでしょう。世の中には、趣味と実益を兼ねるようなこともたくさんあります。好きなことに時間を費やせば、一分でも時間が惜しくなって、自分自身が充実してきます。神様が人類に文化を授けてくれたのは、そのためなのです。

さあ、ぐずぐず悩んでいないで、ご主人といっしょにダンス教室へ通ってはいかが？　ヒラヒラしたステキなイブニングドレスを着て、ワルツでも踊ってみましょう。

（二〇一五年二月）

お悩み

コミュニケーション上手になりたい

長野県　匿名希望
（四十三歳）

わたしの悩みは、人とのコミュニケーションのストレスを少なくしていくにはどうしたらいいか、ということです。

わたしは、人と接しているとき、「なんでそういうことを言うんだろう」「なんでそんなふうにするんだろう」と思うと、黙ってしまいます。

わたしは弱い人間で、自分の思いをはっきりと伝えることができません。言い争うのは苦手ですし、人に悪口を言われるのも怖く、人によく思われたいという、いやらしさもあります。

また、イラッとして腹が立ったときは、言葉を選んで相手に「わたしのほうが正しい」という思いをわからせようとしますが、うまく伝わらずに、おたがいに嫌な気持ちになってしまうこともあります。

そんなわたしはけがをして、シャワーを浴びるにも排せつするにも人の手を借りなくてはいけなくなりました。いっときは消えたいとばかり考えていましたが、家族に助けられ、やりたいことも増え、今は美輪さんにも相談してみようと思えるようになりました。

聞くことは聞き、伝えることは伝えて、「えーっ」と思ったことも、うまく笑いに変えて相手に伝えられるようになりたいのです。

自分の話す力、聞く力、伝える力を高めて、よりストレスなく人と関わっていけるようになるには、どうすればいいのでしょうか？　長い道のりだと思いますが、少しでも早くたどり着きたいです。

愛のメッセージ

言葉の貯蔵庫を満たしましょう

話し下手・口下手は、語彙《ごい》が少ないことが原因です。言葉を貯蔵する倉庫が空っぽに近い状態だと、思ったことを表現しようとしても、言い方や伝え方がわからず、コミュニケーションが成り立たないのです。

語彙を増やす最善策は、本をたくさん読むことです。けれど、あなたにはこれまで本を読む習慣がなかったのでしょうから、いきなり難しい本を読むのはお勧めできません。まずは幼児や小学生向けの童話や寓話を読んで、それから中学、高校と進むように、徐々に難易度を上げていきましょう。

宮沢賢治や石川啄木、あるいは古今東西の有名な作品も読みやすいでしょう。小説ばかりではなく、俳句、和歌、詩もお勧めです。本をたくさん読んで、言葉の貯蔵庫をいっぱいにすれば、放っておいても言葉はスラスラ出てきます。

そのうえ、知識が豊富になって、「あの人はいつの間にたくさんの情報を仕入れたんだろう」と、まわりに尊敬されるようになります。そうなれば、自分に自信が持てて、もう弱音を吐くこともなくなるでしょう。

コミュニケーションが上手な人というのは、言葉をたくさん知っています。お笑い芸人でもそうでしょう。教養のある芸人の漫才やコントは、表現の仕方がとんでもなくおかしいからウケるのです。

くりぃむしちゅーの上田晋也さんは、いろんな勉強をなさっているようで知識が豊富ですね。反対に、なんにもない芸人は、人の頭を引っぱたいたり、変な顔をしたりするばかりで、シラけるだけです。

◇美しい言葉がつくるきれいな世界

以前、三島由紀夫さん原作の『葵上《あおいのうえ》・卒塔婆小町《そとばこまち》』の公演をしたさい、来場のお客様から、「美しい言葉しか出てこなくて、こんなきれいな世界で生きていられたら、どんなに幸せでしょう」と言っていただきました。きれいな世界は、言葉によって一瞬にしてつくり出せるものなのです。

三島さんは、美しい言葉、敬語、丁寧語であふれていた時代のぎりぎり最後にいた人ですから、作品にも自然なかたちで表れているのです。

わたしの知人も「ごきげんよう」「ごめんあそばせ」は、当たり前の挨拶です。よいものを見たときには、「すばらしいこと」「すてきですこと」「結構ですこと」と、表現がさまざまにあります。

今は、なにを見ても「ヤバイ」と「カワイイ」だけで、語彙の少ない時代になってしまったのは、ひじょうに残念なことです。

子どもとの会話も、たとえばおもちゃで遊んでいたら、「ちゃんとお片づけしておいてくださいね」と言うと、子どもは一人前に扱われたと思うから、きちんと片づけるのです。それを、「ちゃんとかたせよ、このクソガキ！」と暴言を吐けば、「うぜーんだよ、クソババア！」といがみ合いになるのは目に見えています。

もうおわかりですね。強い人間になるには、たくさん本を読んで、教養、知性、美しい言葉遣いを身に付けることです。

語彙が豊富になれば、もう怖いものはなにもありません。


（二〇一七年九月）

お悩み

人を信じられず生きる意味も見いだせない

熊本県　匿名希望（三十代）

事の始まりは父の金銭トラブルです。わたしの短大の学費を父が使い込んで、慌てて奨学金を借りたり、祖父母から援助してもらったりしてなんとか卒業しました。数年後、父が支払っているはずの家のローンが何年間も未払いだったことが発覚し、二百万円近くをわたしの貯金から出したこともありました。さらに、父は自分名義でローンを組んで車を買うことができないため、わたしの車を父に譲り、わたしがもう一台、ローンで車を買うことになりました。今も、なんのためだかわからない四万円を毎月支払っています。

父のこともあり、人を信用できずに疑うことから入る癖がついてしまいました。

人に自分のことを知られたくなくて、人と話すことに疲れて仕事も辞めました。

父がつくった借金の返済に苦労している母を見ると、結婚をしたいとも思いませんし、人を好きになる気持ちがわからなくなりました。母を守らなくてはと思うのですが、同じことの繰り返しで、もう限界です。母のために自分は我慢しなくてはいけない、自分のために時間を使うべきではないのだと思うと、なんのために生まれてきたのかもわからなくなり、生きている意味を感じることができません。

また、母から、わたしが生まれるときに母が準備していた出産費用も父が使い込み、ミルクを買うお金もなかったとか、父と結婚する前には別の人との縁談があったなどと聞かされ、「わたしは生まれてこなければよかったんだ」と思うようになり、母とも大げんかをしてしまいました。

自分がこの世に生まれてきた意味、人を好きになる気持ちがわかりません。そして、人を信用できません。どうしたらいいのでしょうか。

愛のメッセージ

父親をとおして人生の勉強をしたのです

これまでお父さんを助けてきたつもりが、結果としてあだになってしまいました。困ったときには、だれかがお金を工面してくれる、お父さんにはそのような〝他力本願〟の癖がついてしまったのです。言い方は悪いですが、世の中をなめているとしか思えません。

こういうことは最初が肝心で、だれも手助けせずに、「このままでは短大を中退することになってしまう。親でしょう！　なんとかしてよ！」と詰め寄るべきだったのです。そうすると少しは反省していたかもしれません。ですから、よかれと思って助けたことがあだになる場合がある、あなたはそういう人生のお勉強をしたのです。

それから、人を信じられなくなったというのは、よいことでもあります。これだけ世間を騒がせている特殊詐欺事件が、いっこうになくならない世の中です。現金やキャッシュカードを簡単に他人に渡してしまう人や、家に現金がいくらあるのか伝えてしまったために命を落とした人もいます。

人を簡単に信用しなければ、裏切られて泣いたり嘆いたりせずにすみますし、一生だれかを恨むこともありません。まして、このご時世、自分の身を守ることにもつながりますから、あなたはこの点においてもお父さんをとおして学んだことになります。

◇家を出るか、四万円を家賃と思うか

さて、あなたは生きる意味がわからなくなるほど、自分の人生をめちゃめちゃに

されたと思っているわけですから、これからは家を出て一人で生活してはいかがですか？　車を買えるくらいですから、あなたにはそれなりの才覚があるはずです。お母さんのことを心配していますが、夫婦のことは子どもにはわかりません。今までずっといっしょにいたということは、捨てきれない腐れ縁のような愛情があるのでしょう。もしも一人暮らしをするのなら、お母さんとだけ連絡をとり合っていればいいのです。

もしも、家を出ることに抵抗があるのなら、今あなたが払っている訳のわからない四万円を家賃だと考えてみてはいかがでしょう。一人暮らしをすれば、四万円よりもっと費用がかかるはずですから。ただし、通帳や印鑑の置き場所はお父さんにぜったいに知られないようにして、お金を引き出すことができないようにしておきましょう。

最後に、人を好きになる気持ちがわからないと悲観していますが、世の中、お父さんのような男ばかりではありません。スーパーボランティアとして知られる尾《お》畠《ばた》春夫さんのような人もいます。

悪い人もいればいい人もいる、そのことを教訓として覚えておけば、いつか、心から信頼して好きになれる人に巡り合えるでしょう。

（二〇一九年九月）

お悩み

友人がタトゥーを入れたがっています

愛知県　匿名希望（二十代）

はじめまして。タトゥー（入れ墨）を入れたがっている同い年の友人についての相談があります。彼女とは高校生のときに知り合いました。日本人の父とブラジル人の母を持つダブルで、見た目もかなりインターナショナルな友人です。一年の半分を日本で、もう半分をブラジルで過ごすという生活を送っています。

先日、一年ぶりに彼女と再会したのですが、そのときにタトゥーを入れようと思っていると聞きました。二十歳になった記念にそう決意したそうなのですが、希望のデザインを見てみたら、直径十五センチはありそうなドクロの絵でした。彼女はそれを脚に入れたいそうです。

わたしは、タトゥーを入れようと思っていることには、賛成も反対もしませんでした。しかし、忠告として、「タトゥーを入れることをわたしは止めない。だけど、日本はタトゥーに関して否定的な国だからお勧めはできない」と話しました。すると彼女は、「うん……、そうだよね」と曇った表情で残念そうに呟《つぶや》いたのです。彼女にも一抹の不安はあるようでした。

わたしは、彼女がタトゥーを入れてしまったがために、なにかしらの災難に遭う日が来るのではないかと思うと心配でたまらなくなります。彼女は、シールや特殊なインクなどのフェイクタトゥーですませるつもりはないそうです。

ほんもののタトゥーを入れることについて、よく考えるように説得したほうがよいのか、「好きにすれば」と放っておけばよいのか、悩み、考えています。ちなみにわたしは、彼女がタトゥーを入れても友人としての縁を切るつもりはありません。どうかアドバイスをお願いいたします。

愛のメッセージ

もっと価値のあるものに挑んではいかがでしょう

彼女に忠告したのは正解です。日本と外国とでは、タトゥーにたいする価値観がまったく違います。ご存じのように銭湯や温泉、プールをはじめ、ビーチでも場所によってはタトゥーでの入場が禁止されています。日本はタトゥーにたいして嫌悪感を持つ人が多く、受け入れられにくいのです。

では、海外ではタトゥーは当たり前なのかといえば、かならずしもそうとはかぎりません。国や地域によっては、日本と同じような価値観の所もあります。

もしも、彼女が将来、子どもを産むつもりなのであれば、ドクロのタトゥーを入れた母親を子どもがどう思うか、しっかりと考えたほうがよいと伝えてはいかがでしょうか。かわいい子どもが、母親のタトゥーのせいでいじめに遭うことがあるかもしれません。

おそらく彼女は、そんな先のことまでは考えてはいないでしょう。若いうちはみんなそうですが、カッコイイとかアバンギャルドな自分を見せたいとか、タトゥーを入れた瞬間のことしか考えないのです。

今はまだ若くて肌にハリもツヤもあるでしょうけれども、五十歳、六十歳になったときを考えてごらんなさい。しわができたり肌がたるんだりして、どんなにキレイなタトゥーでもなんの絵なのかわからなくなりますし、たるんだシワシワのドクロがどんな姿に見えるか、想像するだけでも恐ろしいでしょう。

◇後悔しても遅いのです

二十歳の記念にと考えているようですが、二十歳なんて一生のうちのたった一年で、あっという間に過ぎてしまいます。そんなはかなくて短い記念のために、のちのちまで苦労することはありません。価値観は人それぞれですが、もっと価値のあるものを手に入れるなり、挑むなりしたほうが、二十歳の記念になるのではないでしょうか。

人生の節目に記念になることをしたいというプラス思考なのは結構なことですが、ドクロのタトゥーがカッコイイと思える世界しか頭にないのでしょう。でも、彼女が思い描くカッコイイ世界よりも、そのほかの世界のほうがはるかに広くて大多数です。

どうしてもタトゥーを入れたいのなら、シールのタトゥーでまわりの反応を見てから決めてもよいでしょう。あるいは、カッコイイ自分を演出したいのであれば、メイクでまったく違うだれかに変身することもできます。

シールやメイクはすぐに落とせます。けれどもタトゥーは、いちど入れてしまうと除去することは簡単ではありません。

後悔しても遅いのです。日本でいちばんパンクでファンキーな人がこう言っていると、お伝えください。

（二〇二〇年二月）

お悩み

だました彼への憎しみが抑えられない

匿名希望　女性（二十四歳）

わたしには、つい最近まで人生初の彼氏がいました。出会いは合コンです。初めての経験がたくさんあって、楽しくて幸せで、この幸せがずっと続いてほしいと思っていたやさきに、彼に妻子がいることがわかりました。

彼は最初はしらを切っていたのですが、彼の奥さんのインスタグラムを見た、と話したら認めました。奥さんとは、別れたあとに子どもができたことが判明して、しかたなく結婚をした。だから奥さんのことをまた好きにはなれない、と彼は言いました。

ひどいことをされたにもかかわらず、奥さんに気がないという話を聞いて、友達として連絡を取り合おうと言われ、縁を切れずにいました。

でも、とても悲しくて胸が痛くて、これじゃいけないと現実と向き合ったら、彼にたいして、怒りと憎しみが生まれました。それを彼にぶつけたら、誠意のない薄っぺらい謝罪の言葉が返ってきて、きっぱり縁を切ることができました。

わたしは幸せを失い、人間不信になりました。けれど、彼はなに一つ変わらず生きていくのだろうと思うと、腹が立ってしかたがありません。だまされたほうが負けなんだと感じました。

彼はいま幸せに暮らしているのではないかと思うと、怒りと復讐《ふくしゅう》心でいっぱいになります。気持ちを切り替えたいのですが、できずにイライラしてしまいます。どうしたら、怒りや憎しみ、復讐心を忘れることができるのでしょうか？

愛のメッセージ

一番の被害者は奥さんと子どもです

合コンには、童貞と処女の中学生のような男女ばかりが集まると思ったら、大まちがいです。善かれあしかれ、なにかしらの事情がある男女が集まる場なのです。あなたは彼が独身だと勝手に思い込んでしまったわけですが、つきあい始める前に、妻子がいるかどうか調べるべきでした。

きちんと調べていれば、彼は加害者にならずにすみましたし、あなたも被害者にならずにすんだのです。すてきな人に出会えるかもしれないと浮かれるよりも、まずは用心すべきだったのです。

それに、あなたは被害者意識が強すぎます。彼がいま幸せに暮らしていると妄想していますが、妻子ある男性が幸せに暮らしていれば、そもそも合コンに行くでしょうか。不幸だから行くのです。

おそらく、彼は今でも合コンに行っていて、他にも犠牲者がいることでしょう。奥さんと別居していて、寂しくて他の女に手を出すというのならまだわかりますが、いっしょに暮らしていて、他に女をつくったり、合コンに行ったりしているのですから、一番の被害者は奥さんと子どもです。

そして、奥さんと子どもからみれば、あなたは加害者でもあるのです。自分はかわいそうな被害者だという考えは、もう捨てなければいけません。

でも、この程度で別れられてよかったではありませんか。

このままなにも知らずに深みにはまって妊娠でもしたらたいへんです。そうなる前に別れられて助かった、結婚していることを早いうちに知ることができてよかったと前向きに考えましょう。

◇魅力的な異性には警戒しましょう

こんどは、おつきあいする前に、相手を徹底的に調べましょう。気をつけたいのは、悪い男・悪い女には、性的魅力があるということです。昔から「きれいな薔薇《ばら》には棘《とげ》がある」と言うように、無性にどうしようもなく引きつけられる相手は、毒のあるわなだと思って警戒しましょう。

反対に、人がよくて善良な人というのは、魅力的に見えなかったりするものです。「いい人」を「どうでもいい人」と思ってしまい、逃してしまうのです。

今は人生八十年の時代ですから、あなたはまだまだ世間知らずの子ども。人生はこれからです。今回は、世の中そんなにうまくいかない、ということを勉強したのです。

気をつけてほしいのは、二度も三度も同じだまされ方をする人がいるということです。
振り込め詐欺も、一度ならず何度もだまされる人がいますから、あなたも十分に注意しましょう。

（二〇一八年四月）

お悩み

自由奔放で身勝手な兄に悩んでいます

匿名希望　女性（四十代）

わたしの兄は、田舎から東京の大学に進学しました。もともとわがままな兄で、大学在学中に父親を亡くし、彼を統制できる人がだれもいなくなりました。その後、大学は留年したうえに大学生のときから金遣いが荒く、たびたび母へお金を要求していました。父が多くの財産を残してくれていたからです。

兄は、一度は就職したものの、人とのトラブルで退職し、それからはアルバイトを続けています。また、お金がないのにぜいたく病が改善されず、消費者金融から借りてまで、服や靴に社長並みの金額のものを買っていました。

いよいよどうしようもなくなり、母が数百万円を肩代わりしました。田舎へ帰ってくるように言っても、帰りたくないと言い張ります。お金がないのに、いいマンションに住み続け、もちろんお金が足りないので母に家賃を払わせています。兄は、もう五十歳になります。いまだに母を頼っており、これから先どうするかということをなにも考えていません。母に援助を断ち切ればいいと言いますが、また他から借りて大事に至るよりはと言っています。

わたし自身、兄とは子どもの頃から仲が悪く接触がありません。しかし、今後母も老いていき、なにかあったら、仲は悪くてもまず兄妹のわたしやわたしの子どもたちに頼ってくるのではないかと不安でたまりません。わたしは子どもを育てるため、家計をやりくりしてがんばっています。わたしの家族もわがままな兄に侵されたくありません。どうすればよいのでしょうか。ご教示のほど、よろしくお願いいたします。

愛のメッセージ

いっさい連絡をとらないようにしましょう

お父さんが多くの財産を残してくれたことがそもそもの原因です。どれくらいの財産があったのかわかりませんが、このときにお兄さんの人生観が大きく変わってしまったのでしょう。

お金は、毒にも薬にもなります。お父さんとしては、愛する家族のために薬として残したつもりだったのでしょうけれど、お兄さんにとっては毒になってしまったということです。

お金の価値観は人それぞれ違うものですし、いまさらお兄さんを説教したところで、馬の耳に念仏で効き目はないでしょう。

あなたのお兄さんのように見栄っ張りな人というのは、品物にたいしてよく目が肥えている、つまり審美眼がある人が多い傾向にあるように思います。洋服や靴、ネクタイ、靴下まで、よほど洗練されたものでないと納得しませんし、一般的な人たちが身に着けるようなものでは我慢できないのです。

それだけならまだしも、自分の財力と生活水準がまったく見合っていないのに、大金持ちのような振る舞いをしてしまうのは大きな問題です。自分の収入で家賃を払うことができなくても、高級マンションでの生活が合っていると思っているのでしょう。

だれかにお金を借りることになっても、迷惑をかけているという罪悪感がまるでないのです。

これは、治らない病気のようなものですから、残念ながらこの先もお兄さんの生活が改まることは期待できないでしょう。

◇母と息子の問題として関わらないことが最善策です

冷たいようですが、これは母と息子の問題として捉えて、あなたは蚊帳《かや》の外でこの先もお兄さんとつきあわないようにしましょう。

子どもの頃から兄妹の仲が悪いとありますが、これは幸いなことです。接触することもないようですから、なにかあっても頼ってこられないように、あなたが家計をやりくりしながら子育てをしていて生活が楽ではないことを、お母さんからたびたび吹聴してもらうのがよいでしょう。

万が一、お兄さんが実家に帰ってくることがあっても同席はせず、あなたからはお兄さんに連絡をしないことです。あなたの家族も、お兄さんから遠ざけておきましょう。

少しでも気を許せば、お母さんの貯金がなくなったときに、あなたを目当てにする可能性が出てきますし、援助を断ればあなたを恨むようになるかもしれません。そうならないためにも、あなたはこれまでどおり、お兄さんとはいっさい連絡をとらず会わないようにすることをお勧めします。
兄妹の縁を切る法律はありませんが、たいせつな家族や自分自身の生活を守るためにも、この問題には関わらないようにしましょう。

（二〇二二年十一月）

お悩み

スナックで出会った若い娘との関係を清算したい

匿名希望　男性（七十三歳）

わたしは母親と二人暮らしです。以前は結婚していましたが、離婚してから今の彼女（六十六歳）と二十五年以上つきあっています。彼女はわたしの母に遠慮しているようですが、わたしはいずれ彼女と結婚したいと思っています。

ところが昨年の夏、友人と行ったスナックで二十二歳のかわいい娘に出会いました。名刺を渡したところ、しばらくして会いたいという連絡があり、ホテルに行って関係を持ちました。それから定期的に会って関係が続いています。

そして今年に入ってからです。保険証を持っていない、軽乗用車の車検の費用もないということで出してやりました。この娘の両親は子どもの頃に離婚し、母親は病気で長期入院中で、中学生の妹と二人暮らしです。夜の仕事をやめて派遣会社に勤めていましたが、会社にまで闇金の取り立てが来るようになって、支払わないのなら風俗店に連れていく、妹を誘拐すると脅されたそうで、百万円出してやりました。他にも借金がないかと聞いてみると、サラ金から二百万円以上借りていることが発覚。弁護士に相談すると、破産宣告を勧められたそうですが、弁護士費用が三十万円以上かかるとのこと。派遣会社もクビになりかけましたが、トラックに乗るのならまた雇用すると言われ、中型トラックの免許取得の費用四十万円を出してやりました。かわいそうだと思い、いままでに三百万円近く援助してきましたが、お先真っ暗でこれ以上お金は出せません。

六十六歳の彼女は、このことをまったく知りませんが、いずれバレると思います。はっきり終わりにしたいと思っていますが、どうしたらよいでしょうか。ばかな相談ですが、美輪さん、どうぞよろしくお願いいたします。

愛のメッセージ

もうお金がないことを伝えて、早く別れましょう

スナックなどの酒場で知り合う男女というのは、金銭が絡んでくる場合が多いように思います。

男でも女でも生活がギリギリの人ほど、なにかいいことがないかと、わらにもすがる思いで酒場に行くことがあるのです。そこで財産のある人に出会えばしめたもので、徐々に馬脚を露《あら》わすのです。

飲み代に始まり生活費など、いろいろと支払いを任せられてしまいますから、財産のあるほうが負けなのです。

読者のみなさんも、酒場で知り合った人には注意が必要なことを覚えておきま

しょう。

冷たいようですが、二十二歳のかわいい娘は、あなたを恋愛対象として見ているのではなく、あなたの財産に興味を持ったのでしょう。

なぜなら、名刺を渡してすぐに会いたいと連絡があったならば、あなたに恋をしたということがわかります。

けれども、しばらくしてから会いたいと連絡があったということですから、恋愛対象としてあなたとおつきあいしたい、という気持ちは初めからなかったということでしょう。

これまでに三百万円も援助したわけですが、あなたはこの娘にとっていい金づるなのです。貯金がなくなりかけてお先真っ暗になったことに気づいたのかもしれませんが、残念ながら援助したお金を取り戻すことはできないでしょう。「はっきり終わりにしたい」とご自分で結論を出していらっしゃるように、縁を切るのが正解でしょう。

でも、もっとお金があればきっと援助し続けていたのではないでしょうか。お金がなくなったのは、若い彼女のせいです。

今なら三百万円ですみますが、このまま関係が続けば、家や土地まで乗っ取られてしまうかもしれません。もしもそうなってしまったら、年老いた母親と二人、この先どうやって生きていくのでしょうか。お金がなくなったことを伝えてきっぱりと縁を切りましょう。

◇長年連れ添った彼女との時間をたいせつに

さて、これまで二十五年以上もおつきあいしてきた六十六歳の彼女ですが、長年つきあっていると、恋愛感情とはまた別の情みたいなものがおたがいに芽生えているはずです。そうでなければ、自然に遠ざかっているでしょう。長いつきあいですから、あなたにどれくらいの財産があるかもわかっているのではないでしょうか。

今回のことがいずれ彼女にバレるのでは、とビクビクしているようですが、若い娘にうつつを抜かしてお金がなくなってしまったことをみずから暴露するのはお勧めできません。

彼女は、あなたのお金が目当てでつきあっているわけではなさそうですから、この先も穏やかにおつきあいしていける相手でしょう。

一日も早く若い娘との関係を絶ち、残りの人生を共にしてくれる相手との時間をたいせつにしましょう。

（二〇二〇年十二月）

第5章

子どもには思いやりと愛情を持って接しましょう

お悩み

学校嫌いの娘が心配です

新潟県　A子
（三十五歳）

小学三年生の娘のことで相談させていただきます。娘は七月に、腎臓の病気で二週間ほど入院しました。おかげさまで病気も治り、学校に行けるようになったのですが、その後、学校に行くのがおっくうになったようで、学校に行く前に「おなかが痛い」と言ったりして、学校を休みがちになってきました。朝、学校に行かずにすむと、急に元気になって家の中でにこにこしています。

娘は小さいころからおとなしく、保育園に通っていたときも、行きたくないと言って、家の中を逃げ回っていたことがあります。学校でとくにいじめられたりはしていないようなのですが、とにかく人に会うのが嫌いなようなのです。おじいちゃんの家に行くときも、下の男の子二人は喜んで出かけるのに、長女の娘だけは一人で家にいたいと言って、部屋で本を読んでいたりします。成長するにつれて徐々に社交性も身に付くだろうと気楽に構えていたのですが、学校に行きたくないなどと言いだして、困ってしまいます。

家の手伝いをしてくれたりといい子なのですが、「学校へ行きなさい」と一方的に言うのもなんだか説得力に欠けるようで、どう言ってやればいいものか迷っています。なにかよいアドバイスがいただければと思います。

愛のメッセージ

あなたが教育すればいい

この世にはいろんな種類の人間がいるのです。親子でもきょうだいでも違う。人嫌いなのは、病気でも犯罪でもありません。その人のたちなのです。

いちばんいいのは、娘さんに「今はつらいかもしれないけど、義務教育だけは受けなさい。そうしないと大きくなったときに、無教養な人間だと言われてみじめな思いをするのよ。それでもいいの?」と、愛情たっぷりに言い聞かせることです。小学校三年生なら話せばわかるはずです。

ちょっと難しいかもしれないけれど、エミール・ゾラの書いた『居酒屋』という小説に、教育をきちんと受けていない女性が、自分の名前もろくに書けず、子どもにも夫にもばかにされてしまうというお話があります。そういう現実があることを諭してあげなければいけません。「恋人とメールするにもラブレター書くにも言葉を知らなきゃ困るでしょう。あとちょっと勉強すればいいのだから」と。そして「我慢することは、自分を強くする方法だからね」と言ってあげるのです。「学校に行かなきゃダメじゃないの！」と叱ったり怒ったりしてはいけません。ユーモアを交えて、一つ一つ諭していくこと。なんでも話せるマリア様のような優しいお母さんになりましょう。

◇自分も勉強しながら子育てを

それでも行きたくないと言うのであれば、理由がかならずあります。ほんとうはいじめられているけれど、仕返しが怖くて言えないのかもしれません。そういうおとなしい子が自殺したり、悲劇を生んだりするのです。それだったら、まだ学校に行かないほうがましです。いじめでなくても、対人恐怖症などかもしれないですし。もしそうなら、家庭で教育すればいいのです。本を読んで聞かせたり、いい映画のソフトを借りたりして。すると美術でも音楽でも、なにか好きなものが出てくるはずです。そして絵なら絵を教えながら、ゴッホだとかゴーギャンだとか、いろんな人生があるから、その生きざまや人生のあり方を、自分も勉強しながら、教えていけばいいのです。

わたしだって、中学しか出ていないんですよ。ふつうは無教養だとばかにされますよね。でも、三島由紀夫とか寺山修司とかいろんな文豪たちと対等に渡り合ってこられたわけです。自分で台本も書けるし舞台の構成もできる。美輪さんは特別だからって言われますが、特別な人間なんていません。ただ努力するかしないかだけの問題です。

こんないい娘さんだったら、あなたが愛情込めて諭せばちゃんと言うことを聞きます。そして、こうして人を育てるということは、自分を育てることにもなるのです。そもそも人生というのは、初体験の積み重ねです。人間として生まれてきて、小学生になるのも、社会人になるのも初めて、父親・母親になるのも初めて。親の死に目にあうのも初めての経験。死ぬまで人間は初めての経験の繰り返しなのです。あなたもいま、母親として子どもを育てる初体験の真っ最中なのですね。

学校に行かなくても心配することはありません。あとは、義務教育を卒業したという証明書をどうするかの問題であって。取れなければ取れないで、人間として立派であればいいわけです。

（二〇〇二年三月）

お悩み

引きこもりの二十五歳の息子

三重県　A美

五十歳の主婦です。夫と息子二人の四人家族です。実は、二十五歳になる次男が七年間くらい引きこもっています。高校二年生のときに中退し、その後わたしの勧めで大学検定の資格を取りましたが、大学にも行かず今に至っています。中退したときに好きなようにさせていたら、このような状態にはなっていなかったのではと反省しています。

次男は、犬の世話、風呂掃除、農繁期の手伝いなどをやり、一年くらい前からは、朝食、夕食を作り、食事の後片づけ、炊飯器の予約などをしています。料理をすることが嫌ではないと言っています。買い物も一人で行ったり、兄や夫といっしょに行ったりと、食材を選ぶのが好きみたいです。夫や兄は運転免許を取ることを勧めていますが、うなずくだけで行動しません。

定年退職した人なら、毎日ゆったりとしたこのような生活でいいかもしれませんが、次男はまだ二十五歳です。いつかは、やる気になって社会へ出てくれるものと信じていますが、時間だけが過ぎていき、親としてどうすればよいか落ち込むことがたびたびです。

これまで新聞で見た、引きこもりの子を持つ親の会合に出席したり、引きこもりの人たちを自立させる施設を夫婦で訪問したりと、いろいろ親が（とくにわたしが）行動してきましたが、なんのきっかけも生まれませんでした。毎日次男のことを考えていて、「助けて」と絶叫したい心境です。アドバイスをよろしくお願いします。

愛のメッセージ

あなたの勝手な願望です

人間には向き不向きというものがあり、外向きの人もいれば、内向きの人もいます。たとえば、昔の女性は内向きに育てられましたけれど、今の奥さんたちは、家にひっこんでいるとダメになるっていう人ばかりでしょう。そういう人に、お嫁に行って家でおとなしくしていなさいと言っても無理なのです。

息子さんは、この逆ですね。農繁期には手伝いもするし、食材を選んでは料理を作るのが大好きなんてステキじゃない。ただ部屋にじっとしていて、パソコンをやったりテレビを観たりして、本を読むのもめんどくさい、そういう引きこもりが重症なのであって、あなたの息子さんはそうじゃない。女遊びやギャンブルをしているわけでもないのですから、なにも文句を言うことはありません。ありがたいと思いなさい。

おそらく息子さんは、学生時代に対人恐怖症というか、おおぜいの人たちといっしょに行動することにたいして、違和感や嫌悪感を抱くようなことがあったのではないでしょうか。もし無理に外へ出して、社会の生存競争の中で、いろんなアクシデントにあってごらんなさい。自殺でもされたらたいへんです。外へ出て活発に行動してほしいというのはあなたの勝手な願望です。会社勤めをして、仕事帰りに上司や同僚と飲んだり、合コンしたりする、そういうふつうの人の価値観で息子さんを見ようとしないことです。息子さんはおおぜいの中で働くのには向かない人、ただそれだけなのです。

それなのに、あなたが一人相撲をとって、あれこれ心配しているだけ。まずは、あなた自身の価値観を変えるべきです。うちの息子はこういうタイプなんだと思いなさい。「やはり野に置け蓮華草」という言葉もあるように、レンゲの花をバラの土壌に植えても枯れてしまいます。

◇なにかの天才かもしれません

息子さんにとっていちばんいいのは、家でできる仕事を見つけることです。和裁洋裁、編み物、焼き物、それから、本を読ませてごらんなさい。そして今の時代、保育士だとか、看護師だとか、男性の割合が増えてきた職業もさまざまにあります。男のお手伝いさんだっていますからね。自動車教習所は、おおぜいの人たちと交流しなくてはいけませんから、行きたいとは思わないのでしょう。

あなたの家族はみんなで、息子さんを一般的な男性の範疇に入れようとしていますが、それはかわいそうです。ひょっとしたらなにかの天才かもしれませんよ。アインシュタインは小学生の頃、成績が悪くてたいへんだったわけですが、天才でした。ビートたけしだって、大学を勝手に中退して、お母さんは、たけしだけはどうしようもないと嘆いていました。画家の山下清も社会になじめない人ではあるけれども、天才でした。

社会の規格からは外れているから異常だとか困り者だとか、即物的な考え方はやめなさい。おちこぼれでどうしようもないとか、そういう先入観を持って家族じゅうが接しているのではないでしょうか。「ひょっとしたら、なにかの天才かもしれない」と、可能性を信じながら接していくと、別の側面が見えてきますし、息子さんは心を開いてきますよ。わたしはそうした人を何人も見てきました。

（二〇〇四年九月）

お悩み

娘には家の手伝いよりも、勉強させたほうがよいでしょうか

長野県　匿名希望（三十五歳）

小学二年生の娘のことで、ご相談があります。悩みは、娘の学校の勉強のことです。娘は二月生まれでまだ七歳。他の子と比べると体も小さく物事ののみこみも悪く、なにをするにも遅れがちです。給食を食べるのも遅く、よく注意されるそうです。音楽会では、当日は直前でピアニカが吹けず、先生からのプレッシャーに負けて教室で吐いてしまい、出ることができませんでした。

先日の懇親会で先生からは、「もっと娘さんの勉強に力を入れてください。勉強に後《おく》れ、手がかかります。家庭の考え方だったのか知りませんが、最低ラインの平仮名の読み書き、数字の一～十も教えずに小学校に上がられたので、こちらも困り

果てています」と言われてしまい、娘の前で「この子はだめな子」と言われている気持ちがして、がくぜんとしました。

うちには、三歳の息子と四か月の娘もいます。そのうえ、わが家は兼業農家。忙しいときには実家の両親と、もちろん小二の娘も駆り出して農作業をします。しっかり勉強をみてやる時間も余裕もありません。

土・日も遠出をさせてやれず、いつも軽トラックに乗せて、田畑へ連れていきます。娘は、農作業の合間に、軽トラの荷台で算数のプリントをやることもあります。これからも、わたしたちが農業をやり続けていくあいだはこういう生活が続くと思います。手伝いも、とてもたいせつなことだとは思いますが、この先も続けていいのでしょうか？　それとも、娘には家の手伝いより勉強や習い事を最優先に考えたほうがいいのでしょうか。

愛のメッセージ

子どもを家の犠牲にしちゃだめ

小学二年生の子どもに家の手伝いをさせるのはまちがっています。まずは、人間の基本である読み書きや勉強をさせるのが第一です。

学校の先生には、農作業が忙しくて子どもの勉強をみてやれない事情をきちんと話しましょう。一日のうちの何時から何時までこういう作業をしていて、何月はこういう作業があるなど、詳しく説明するのです。そもそも、だれでも家で勉強を教えられないから学校に行かせているわけでしょう。家で勉強を教えられるくらいなら、学校へは行かせなくていいのです。

それにこの先生は、人格的に問題があります。のみこみが遅いのは、教え方が悪いのです。できない子は置いていって、できる子だけを相手にしているのでしょう。自分のことしか考えていない先生なのですから、親としては毅然とした態度で意見を言うべきなのです。

どの子にたいしてもまんべんなく教えるのが学校でしょう。「学校できちんと教えてください」と文句を言うくらいじゃないといけません。ただ、「はいはい」と聞いていてはなめられます。

家で子どもの勉強をみてやれないのなら、近所の人にめんどうをみてくれるように頼んでみてはいかがですか？　小学校低学年の勉強内容なら基本的な部分がほとんどで、そんなに難しくないでしょう。月謝を払わなくても、好意でみてくれそうな人を探しましょう。親切な人はきっといるはずです。

これまで、なにかというとすぐ農作業に連れていって、絵本を読ませたり、楽しく勉強する方法を教えたりしてこなかったのではありませんか？　絵本でも童話でも、夢があって子どもが夢中になって読むような本を、買い与えていなかったのでしょう。子どもはそうやって、育てていくものです。

◇親が恥をかく姿は見せて正解

失礼ですが、あなたの子どもへの愛情が足りないと、わたしは感じます。自分の生活のほうがたいへんで、子どもにたいする愛情が希薄に思います。ほんとうに子どもを愛しているのなら、子どもが幸せな人生を送るには、どうしたらいいんだろうかと、真っ先に考えるはずなのです。自分はどんなに苦労しても、歯を食いしばって石にかじりついてでも子どもには苦労させまいとする。それが親というものです。

子どもの前であなたが注意されたことを恨んでいるようですが、それはよかったのかもしれません。自分のせいで親が先生に文句を言われていると思うと、子どももがんばらなくちゃと思うでしょう。親が恥をかいたり非難されたりするところは、見せたほうがいいのです。そうすると、親にそういう思いをさせまいと思って、子どもも努力をするようになるでしょう。

とにかく、家の手伝いをさせるのは、もうちょっと大きくなってからにしましょう。子どもが手伝わなければ、手が足りないと思うかもしれませんが、子どもが生まれる前はやってこられたわけでしょう？ お手伝いは、読み書きや算数の基本ができるようになってから。そうしなければ、子どもは家の犠牲になってしまいます。

子どもの将来を思うのなら、あなたがた両親の愛情をもって乗り越えましょう。

（二〇一二年七月）

お悩み

息子の結婚相手が外国の人で喜べない

埼玉県　匿名希望（六十六歳）

わたしには四人の子どもがいて、上の三人は結婚しています。このたびは、三十四歳の末の息子の結婚のことでご相談します。

息子は大学卒業後、外資系の企業に就職し、なんの心配もなくきました。半年前に「彼女が挨拶に行きたいと言っている。お土産はなにがいいか」と連絡がありました。息子がそんなことを考えるはずはないので、しっかりしたお嬢さんだと感心して、その日を待っていました。

そして、連れてきた彼女は、大学進学を機に来日してから十八年という中国の方でした。日本語が堪能で、なに不自由なくこちらの生活になじんでいる、正社員の女性です。住まいは都内にあるそうで、両親に頭金を支払ってもらい、月々のローンは本人が払っているとのことでした。

現在、息子は、あるライセンスを取るために単身渡米中です。「わたしと知り合う前に決めたことだから」と、彼女も理解してくれているとのこと。息子のライセンス取得後は、「海外の仕事でも、どこへでも付いていく」と言っているようです。ただ、少し年上の彼女は、夏の暑さや気温の変化でアレルギーが出るために室内にいることが多く、少し体が弱そうなのが心配です。

息子は中国のご両親にも挨拶に行っています。息子の留学が終わったら、わたしたち夫婦も中国へ挨拶に行き、結婚の運びになると思います。

どうすることもできないとわかりながらも、なぜよりによって外国の方と……と夫と話しています。彼女はとても好感の持てるお嬢さんなのですが、心から喜べないでいます。アドバイスをお願いします。

愛のメッセージ

そういう差別をする時代ではありません

息子さんがせっかく幸せになろうとしているのに、あなたは自分の立場や自分の気持ちばかりを優先させて、息子さんを応援しようという気持ちがみじんも感じられません。

これまで結婚を考えてこなかった息子さんが、彼女との結婚を真剣に考えていろいろと奔走しているのは、彼女と出会ったからでしょう。彼女がいるからこそ息子さんはがんばっていられるわけですし、息子さんに生きがいを与えてくれている彼女に、あなたは感謝すべきです。

この結婚に反対したら、息子さんから親子の縁を切られるでしょう。今は親よりも彼女のほうがたいせつな時期です。

万が一、おたがいの欠点を発見して、別れるようなことになったとしても、それはそれでいい勉強になったと思えばいいのです。

◇息子がだいじなら彼女に優しく接して

でも、息子さんたちの様子を伺うかぎり、結婚することになるでしょう。日本の女性も強いけれど、中国の女性も強いようです。あちらには、男女同権の価値観を持っている女性が多いと聞いています。

ですから、このまま夫婦になれば、なにかあったときには、「夫も子どもたちもわたしが守る」と、どんな苦労にでも耐えていける強さが彼女にはあるのではないでしょうか。

なにより今は、国籍が違うとか、容姿がどうとか、そういう差別をする時代ではありません。

本人が選んだ人なのですから、親としてただただ手放しで喜んで応援してあげましょう。彼女は好感の持てる人のようですから、それで結構ではありませんか。とにかく、息子さんの幸せだけを考えましょう。

あなたが心を入れ替えて、心から彼女に優しく親切にしてあげると、息子さんは、自分の好きな人に優しく接してくれることを喜んで、ますますあなたがた両親をだいじに思うようになるでしょう。

彼女も、あなたがたに優しくされれば、息子さんにうんと優しくしてあげようと思うはずです。

反対に、このまま彼女にたいして心から好意を持てず、どうしてよりによって外国人と結婚するのかという気持ちが表にあらわれてしまうと、息子さんにとってあなたがた両親は敵になってしまうのです。

つまり、彼女の味方になるということは、息子さんの味方になって、息子さんを守ることになるのです。優しさのスパイラルです。

あなたがた両親の彼女にたいする態度ひとつで、息子さんが幸せになるか不幸になるかが決まるのです。

どうすればいいか、もうおわかりですね?

人種差別などという時代おくれのみっともない考えは、いますぐ捨てましょう。


(二〇一九年五月)

お悩み

息子への接し方がわからない

匿名希望（四十代）

十七歳の次男についてご相談いたします。次男は、小学校の高学年ごろから担任や習い事の先生に、「集中力が続かない」「注意力が散漫」と指摘されるようになり、忘れ物をしても言い逃れをするなど素直さに欠ける言動がめだち始めました。

家でも同じようなことを感じて病院を訪ねたところ、「多動性障害（ＡＤＨＤ）」のようなもの、と診断されました。月一回、問診に通いましたが、担当の先生はあまり真剣に取り合ってくれず、治療法にも不安を感じたため、しばらくして治療をやめました。

その後、寮生活の経験のある塾の先生から、全寮制の学校に行けば自立心が養われるのでは、という意見をいただき、本人とも相談のすえ、次男は他県の全寮制の高校に進学しました。

現在は吹奏楽部の部活動に励み、進路の希望はあやふやですが、海の生物に興味を持っている様子です。ただ、成績は下から数えたほうが早い位置……。勉強、身支度、連絡などを後回しにする癖も直らず、帰省のさいは時間や規則に縛られないためか、なにをするわけでもなく過ごしています。ただ、家族の誕生日にはメッセージをくれるなど、優しい一面もあります。

情けない話ですが、そんな次男にどんなふうに話しかけたらよいのかわからないのです。説教じみた話になると次男も聞かなくなるので、ついチヤホヤ、当たり障りのない話題になりがちです。次男を手元に置けば、ただただ手を差し伸べてしまい、彼をダメにしてしまうのではないか、という気持ちです。親としてどのように接するのが望ましいのでしょうか?

愛のメッセージ

息子さんは別の人間。過干渉はやめましょう

わたしには、息子さんはふつうの青春時代を送っている少年に見えます。あなたは息子さんにたいして過干渉なのでしょう。

完全な人間なんて、どこにもいません。まして、高校生は人格が形成される最中です。友達の影響を受けてみたり、あるいはそれに反発してみたり。親の言うことが正しいと思っていても意地になって素直に聞けず、いろいろな感情が出たり引っ込んだりして揺れ動くのです。

さらに、男女ともに性にたいしての興味が湧いてくる時期です。一日の半分くらいそのことを考えて、心ここにあらず。それが思春期というものでしょう。まずは

親として、息子さんが思春期の真っただ中で情緒不安定になりやすいということを理解しておかなければいけません。

成績は下から数えたほうが早いと言いますが、成績がよいからといって立派な人間とはかぎりません。成績がよくても、意地の悪い冷たい子もいます。それに比べ、息子さんは家族の誕生日にメッセージを送ってくれる優しいところがあるでしょう。そのうえ、吹奏楽は優しい情緒性がなければやってみようと思わないはずです。なにより、治療を受けるためにあなたといっしょに病院へ行ったり、全寮制の学校を勧められればそのとおりに進学したりと、素直に親の言うことを聞くよい息子さんではありませんか。

◇自分の思うとおりにしようと考えてはいけません

帰省のさいは、ゆっくり休ませてあげましょう。全寮制なのですから、いろいろな規則を強いられ、吹奏楽の練習でも疲れているはずです。家の中ではすべての規則から解き放って自由にさせてあげてください。

あなたは息子さんの行動すべてに口を出しているのではありませんか？　だから、息子さんはどんどん聞きたくなくなるのです。自分の子どもだからといって、自分の思うとおりにしようと考えてはいけません。あなたとはまったく別の人格を備えた人間なのです。

息子さんを手元に置けば、手を差し伸べてダメにするのではと考えているようですが、今のままではダメにするよりも前に息子さんは家にいたくなくなってしまうでしょう。

これからどう接したらよいかとお悩みですが、息子さんからなにか相談されたときに初めて答えてあげればいいのです。

そのときも、ああしなさいと指図するのではなく、人生の先輩としてヒントになるようなポイントだけを伝えて、あとは息子さんが自分の意思で判断できるように任せることです。
その結果が、よくなるのも悪くなるのも息子さんしだいです。とにかく息子さんを理想どおりにしようとする一人相撲は、もうやめましょう。

（二〇一八年十一月）

お悩み

結婚に反対されて娘が家出をしました

匿名希望（六十代）

結婚を反対されて家出し、男性と同せい中の三十代の娘について相談です。娘は親元から離れていた大学時代にAさんと交際を始めたようです。娘がAさんと結婚したいと告げたとき、夫もわたしの両親も反対しました。Aさんが高卒で修理工をしていることや、家族の問題もありました。

夫は、Aさんが公務員になれば結婚を許すと娘に条件を出しました。けれども数年待っても条件をクリアすることはなく、娘は「子どもも産みたいからもうタイムリミット、優しいAさんといっしょになりたい」と言ってきました。

Aさんから再三面会を申し込まれたので、夫はしぶしぶAさんに会い、「結婚に賛成できない」と伝えましたが、二人の気持ちは変わりません。そのうち、娘は家出をしてAさんのアパートへ行ってしまいました。夫は「勘当だ。親子の縁を切る」と言っています。

親の反対を押しきった娘ですが、気だてはとても優しく、同僚や妹にも好かれています。わたしたちの誕生日やバレンタインデーには、勘当の身ながら、プレゼントを渡しに来てくれました。

そして最近のことですが、娘が婦人科を受診した結果、妊娠しにくい体になっていることがわかりました。「子どもを授かれないのに四歳下のAさんと結婚したら彼の人生を暗いものにしてしまう」と入籍はしていないそうです。

Aさんのお母さんは故郷の母親の介護のために転居をし、一人暮らしをしているそうです。女手一つで一人息子を育てあげたお母さんの気持ちはいかばかりかと思うと、いたたまれません。今後、母親として、娘にどう接すればよいのか教えてください。

愛のメッセージ

無条件に娘を応援してあげましょう

公務員になれば結婚を許すなんて、まるで昭和の時代のお話じゃありませんか。終戦後ならまだしも、今は令和です。公務員だけが立派で偉いなんて古い価値観にとらわれすぎです。

いまやテレビをつければ、公務員や政治家の不正が毎日のように報道されています。あなたも見たことがあるでしょう。公務員なら相手がどんな人間であろうと娘を幸せにできるという思い込みは捨てて、職業と人格は別、ということを知るべきです。

わたしはかつて彼のような修理工などの職業の人たちをたくさん見てきましたが、

善良な人が多かったことを思い出します。収入が低くても、自分の仕事に誇りを持ってまじめに働いて、娘にとって優しい人なのであれば、パートナーとしてなんの文句もないはずです。

母親として娘とどうつきあっていけばよいかと質問されていますが、それは無条件に娘を応援することではないでしょうか。

夫が勘当するとかガタガタ言っても、夫に隠れてこっそり娘の味方になるのが母親というものでしょう。それが理想の母親です。夫にないしょでお金を渡すとか、必要なものを送ってあげてはいかがでしょうか。

◇娘の幸せこそが母の喜び

あなたは、夫にたいしては妻として忠実かもしれませんが、娘の母親としては深い愛情が感じられません。

たとえどんなことがあっても最後まで味方になってあげましょう。あなたがすべきなのは、それしかありません。

娘の力になってあげれば、感謝され、喜ばれ、自分もいつかそういう母親になろうと決心するのではないでしょうか。女手一つで一人息子を育てあげたお母さんの気持ちを思うといたたまれない、と思うくらい心配するのなら、いっしょにさせてあげればいいじゃありませんか。

いま、娘さんに手を差し伸べなければ、あなたは一生恨まれることになるかもしれません。

子どもを授かれないかもしれないというのはお気の毒なことです。けれども、今はセカンドオピニオンという方法もありますから、いろいろと調べて他の病院も当たってみるようにと、娘さんにアドバイスされてはいかがでしょうか。

四歳年下の彼の将来を思って入籍をためらう娘さんも立派です。もともと二人は子どもをつくることを条件につきあい始めたわけではないはずですから、たとえ子どもが授からなかったとしても、いっしょにいられれば、おたがい十分に幸せなのではないでしょうか。

とにかく、娘の幸せこそが母親としての喜びと捉えて、精いっぱい応援してあげましょう。

（二〇二一年八月）

お悩み

進路をめぐり、夫と娘が対立し、後悔の日々です

匿名希望　女性

わたしには一人娘がいます。一人っ子なので、祖父母もわたしたち親もみんな、過干渉、過保護になっている気がして、かわいそうな思いをさせているなと、思うことがあります。

娘が中学三年生になり、進路を決めなくてはならなくなったとき、娘の思いと主人の思いがまったく逆で悩みました。主人は、○○高校の卓球部（県でいちばん卓球部が強い高校）しかないとの一点張り。娘が卓球はもうやらないと言うと機嫌が悪くなり、話し合おうとしても口論になってしまい、口を利かなくなりました。娘は勉強が好きなので、進学校で勉強がしたく、行きたい大学もありました。しかし

主人は、小さいときから卓球を娘に教えてきて、まだ伸びると思い、さらに上をめざしてほしいと思っていたのでしょう。

結局、主人の強い圧に、わたしと娘は負けてしまいました。わたしははっきり決められない自分を責め、何度も後悔して泣きました。娘は進学できましたが、卓球の練習ばかりで、部活も厳しく、毎日泣いて精神的に登校拒否になりかけていました。無理に学校へ行かせましたが、心の傷はなかなか癒えるものではありませんでした。

子どもの進路について、やはり、自分で決めさせるべきだったのでしょうか。こんなに意志の強い父親がいるのにびっくりしています。毎日、後悔と心配ばかりしています。

愛のメッセージ

立派な娘さんを褒《ほ》めてあげてください

厳しくつらい部活も勉強も、みごとに両立させた娘さんはご立派です。まずは褒めてあげてください。

つらい思いをして不登校になりかけたのに、家出せずに、ほんとうによくがんばりました。

もしも家出して渋谷や新宿などの、よくニュースで見聞きするような場所でウロウロしていたら、いわゆる非行の道へ進んでしまうことになりかねません。けれども、つらいことから逃げずに克服したのはとてもえらいです。「美輪さんがあなたのことを立派だと褒めていたわよ」と伝えてくださいね。

あなたは、娘さんの進路を自分で決めさせるべきだったのでしょうかと悩んでいますが、まさにそのとおりです。

娘さん自身に進路を決めさせるべきで、そうさせなかった父親は、意志が強い、というよりは、意地が強くて頑固です。

もしかすると、ご主人は学生時代にスポーツで挫折した経験があって、その夢を娘に託したかったのかもしれません。

読者のみなさんにもお伝えしますが、自分に才能がないことがわかったときには、つらくとも理性的に受け止めることです。

そして、自分が果たせなかった夢を、たとえ親子でも無理やり託すのは迷惑でしかないということを覚えておいてください。

親としては、子どもがみずから進んでやりたいと思うことを応援してあげるべきなのです。

◇あなたが娘さんの味方でいてあげるのです

このつらい経験を克服した娘さんは、もうなんの心配もいりません。泣きながらでもやり遂げたという実績があるのですから、これから先、どんな道へ進もうとも、きっと投げ出さずになんでもできるはずです。

今後も、父親と娘さんの意見が合わずにもめるようなことがあるかもしれません。そのときは、あなたは母親として娘を守るという強い姿を見せてあげてください。家の中に味方が一人もいないとなれば、家出か自殺かといった選択をして悲劇を生む可能性があります。

あなたが父親の猛反対から娘さんをしっかり守れば、自分には母親という強い味方がいるということが糧となり、「よし、なにがあってもがんばろう」と前向きになれるのです。

なにはともあれ、困難から逃げずに克服した娘さんには、人間として立派だということを自覚させてあげましょう。「わたしは泣きながらでも耐え抜いた、精神的に強い人間なんだ」という自信を持つことで、前を向いて堂々と人生を歩むことができます。

あなたは娘さんの強い味方として、いつまでも優しく、ほほ笑みながら見守ってあげてください。

（二〇二四年十二月）

お悩み

中学受験は子どものため？正直不安です

女性　匿名希望

わたしは結婚を機に、夫の地元に住んでいます。そこは、関東の中でも中学受験率の高いエリアです。わたし自身は地方の田舎で生まれ育ち、大学まで公立でしたので、中学の受験なんてあるのかと、最初は驚きました。

小学三年生の終わりごろから塾に通う友達も出てきて、受験するなら今から準備しなければと思い、息子を塾に行かせ始めました。でも、まだまだ公園で遊ぶのが大好きな四年生の男子です。本人はまだ中学受験の自覚があまりありません。

中学受験では、母親がいちばんだいじなマネージャー的役割だと夫からは言われていますが、夫は受験に関する書籍や雑誌を熱心に購読したり、勉強をみてくれたりと協力的な面もあります。一般的に中学受験に熱心なのは母親であることが多いので、ママ友からはうらやましがられます。

夫は子どもの将来のためにも、ぜったいに中学受験をさせるべきだと思っています。ですが、わたしはこれからさらにかかる金銭面での不安と、小学生時代はわたしがそうだったように思いきり遊ばせてあげたいという気持ちがあり、いまだにモヤモヤとしています。

ちまたでも中学受験に賛否両論があり、わたし自身はどちらの意見にもとても納得できます。このまま受験に突き進んでいくつもりですが、どうか背中を押していただきたいです。

愛のメッセージ

ご主人の意向に沿って受験を応援しましょう

以前はあなたのように遊んでばかりいても、それなりに子どもは育つ、余裕のある時代でした。

けれども、いまや中学受験は当たり前の時代です。そんななかで、公園で遊ぶことがそんなにだいじで、遊べなくなることがそんなに惜しいでしょうか。もしも中学受験をさせなければ、お子さんは中学受験をさせてもらえなかったことを惨めに感じて劣等感を持ったり、両親を恨んだりするかもしれません。

あなたは、お子さんに思いきり遊んでほしいと思っているようですが、街には家にも帰らずウロウロして、暴力事件を起こす若者が増えています。それは、およそ遊んでばかりいる人たちなのですから、将来その中にあなたのお子さんが加わるようなことになってもよいのですか？　もちろん、そういう生き方を選ぶ人もいるでしょう。

でも、母親としてそんな道を選択してほしくないのなら、ご主人が強く勧めるように中学受験をさせたほうがよいと思います。

ご主人は中学受験に関してとても熱心ですし、勉強もみてくれているのですから、うらやましいというママ友の言葉はもっともです。ご主人はあなたよりもお子さんの将来をきちんと考えているようですから、中学受験のことはこのまま任せるべきですね。

◇勉強するにも遊ぶにもけじめが必要です

あなたは、母親として別の役割を担うことを考えてはいかがでしょう。金銭面で不安があるのならば、アルバイトをするとか、家計を支えるためにしっかりやりくりすべきです。

あるいは、お子さんが勉強をがんばったあとで、ご褒美におやつをあげたり、好きな料理を作ってあげたりするなど、母親として協力できることはいくらでもあるはずです。

さらに、何時から何時までは勉強時間、遊べる時間は何分、というように時間管理ができるようにするのも親の務めです。お子さんが時間を決めてしっかり勉強できたら「はい、今日はここまで。遊んでらっしゃい」と、集中して勉強する時間と楽しい時間を切り替える、つまり日常生活においてきちんとけじめをつけることを教えるよい機会にもなります。

そして、お子さんに「お父さんは勉強をみてくれるから、お母さんはそれ以外で協力するからね」とお話しするのです。

時代はどんどん変わっていきます。

親も時代に沿った生き方を示していかなければ、今後さまざまな場面で苦労することになります。愛するわが子が惨めな思いをしないように導くことが、親としての責任なのです。

（二〇〇四年六月）

お悩み

六歳の息子が商品を盗んでしまう

長野県　M子（二十八歳）

六歳の長男のことで相談させていただきます。今年になってから、お店から品物をお金を払わずに持ってきてしまいます。わたしも子どもとずっといっしょに店内にいたのに気づかず、数日たってから、服のポケットに入っているものに気づきました。そんなことが二度ほどあったので、できるかぎり、子どもを連れての買い物をやめるようにしていました。

しかし先日、主人に頼まれたものがあり、子どもと買い物に行きました。すると店員さんに呼び止められ、息子が本を持っているとのこと。ポケットからは代金を払っていない本が出てきたので、謝って返してきたのですが、何度叱っても繰り返す息子にたいして、どう接したらよいのかわからなくなってしまいました。

主人は仕事柄、帰りも子どもが寝た後で、子どもと会うことも少なく、「わたしが叱ってもわかってくれない。あなたから叱ってほしい」と頼んでも、「その場で叱らないと子どもは忘れてしまう」と言うだけで、主人はあまり動こうとしてくれません。

四月からは小学生になります。今のままではいけないと思うのですが、これからどのように言い聞かせればよいのか、そしてどのように夫婦で協力して子育てをすればいいのか、ぜひ教えてください。

愛のメッセージ

大人をなめているのです

これは、初めて物を盗んだときに、ごめんなさいって簡単に謝って、パッと帰ってきてしまったのが、子どもにとってよくなかったのね。

お店の事務室へ連れていかれて、店員さんにうんと怒られたり、あるいは警備の人に怒られたりしたほうがよかったのです。ほんとうは交番へ連れていかれて、お灸をすえられたほうがもっといいのです。今まで簡単にすんでしまったから、この子は大人をなめてしまっているのでしょう。

そして叱るときは、「万引き」という言葉でなく、「泥棒」という言葉を使うこと。なぜなら、万引きという言葉には、罪を軽く思わせるニュアンスがあるからです。

万引きをなかなかやめられない人は、「万引きくらいいいじゃない」と軽々しく考え、万引きを微罪だと思っているのでしょう。ですから、親であるあなたはもちろん、世の中全体、マスコミを含めて、万引きという言葉を使わないようにすることが必要です。

そもそも万引きとは、泥棒のこと。つまり立派な犯罪です。たとえば、本屋さんから黙って本を持ってきたら、その本屋さんがつぶれるくらいの重罪です。それをきちんとわからせること。そして世の中の法律を犯すといかに恐ろしいことになるかを、子どもに思い知らせる必要がありますね。

少年犯罪が増えていますが、日本の場合、世界と比べて法律が古いのです。明治時代の法律がいまだに生きています。とくに二十歳未満の未成年者は、どんな罪を犯しても死刑にならないし、終身刑にもならないと思っている。「何人殺したって死刑にはならないんだから、やったほうがいいんだ」と若者が実際に言っているのを聞いたことがあります。つまり、今のままの法律では、犯罪の抑止力にはならないのです※。原爆や水爆が戦争の抑止力になっているのは、それを落としたらたいへんなことになるのを知っているからです。日本の法律も、未成年者への刑を厳しくして、それを学校でもきちんと教育すれば、だれだって死刑や終身刑にはなりたくないから、少年犯罪は減るはずです。

◇現実の厳しさを教える

ご主人がこの問題に協力してくれないとありますが、こんどは、ご主人の会社にも事務所から連絡してもらって、お店に来てもらうことですね。ご主人がいないところで全部決着がついてしまっているから、やっかいなことから逃げようとして、おれは仕事があるからおまえがやれ、となる。ひきょうなのです。だから、次は巻き込めばいいのです。親としての責任をきちんと持たせることです。

そうやって、親が怒られたり、平謝りしたりしている姿を子どもに見せたほうがいい。子ども自身に、恐怖とか、恐ろしい目にあうという、そうした現実を体験させることです。そうしなければ、永久に直りません。人生も世間もなめてしまいます。泥棒を働くことで、お父さんは職場で恥をかく、お母さんも近所づきあいができなくなって、引っ越しをしなければいけなくなる。学校でも泥棒呼ばわりされて、いじめられる。引っ越しにはどれくらいのお金がかかって、そのためにはどれほど働いて貯金しなくてはいけないか、具体的に教えることです。

そうすれば子どもでも、現実の大人の世界の恐ろしさをちゃんと理解できるはずです。今まで平穏無事に終わってしまっているから、品物を返せばいいでしょうと、簡単に考えているのです。

いまのうちに、罪を犯すとどんなことになるのかということを、きちんと教えなくてはいけません。

（二〇〇五年三月）

※二〇二二年に少年法が改正され、より厳罰化された（編集部注）

お悩み

ペットの最期を受け入れられる気がしません

和歌山県　Y子（五十五歳）

犬を十五年以上飼っています。わたしはバツイチで、シングルマザーとして子育てしてきました。息子と暮らしていましたが、もうすっかり成長し、就職して一人暮らしを始めています。わたしたちが大好きな愛犬は、子どもが小学生の頃に飼い始めました。ペットが欲しいという息子の希望でしたが、世話をするのはおもにわたしなので、とてもかわいがり、すぐに家族の一員となりました。わたしにとっても息子にとっても、心のよりどころになったのだと思います。

わが子のような愛犬は、かつてはわたしが帰宅すると、元気に走り回って出迎えてくれていました。今は基本的にずっと寝ているので、反応が鈍いです。耳も遠くなったのだと思います。たまに、なにかがのどに引っかかったようなせきをするので心配になり、病院に連れて行ったら、空気の通り道である気管がつぶれ、呼吸がしづらくなっているそうです。手術するという選択肢もありますが、年齢を考えると、リスクが高いため、少しでも悪化を防ぐために薬を飲ませることにしました。症状は緩和されているとは思いますが、食い止めることはできないので、日々もどかしさを感じます。

愛犬が自分よりも早く老いていってしまう状況がとても耐えられません。もしもあと少しで死んでしまったらと考えると涙が出ます。死と向き合うのが怖いです。わたしは愛犬の最期を受け入れられる気がしません。わたしは弱い人間なのだと思います。どのように気持ちの整理をつければよいでしょうか。そして、これからどう過ごすべきかアドバイスをお願いいたします。

愛のメッセージ

死の経験は、人間としての宿命なのです

人間は、だれもが愛するものを失うという孤独や寂しさを経験することが、人生の課題として組み込まれています。家族やペットをはじめ、親しい人が亡くなることは、経験したいことではありません。けれども、この世に人間として生まれた以上、悲しいけれど宿命として定められていることなのです。あなたにも、そういう時期が訪れたということでしょう。つらい別れですが、この現実を受け入れざるをえません。

じつは、かつてわたしも二匹の犬を飼っていました。亡くなってから三、四年ほど悲しみを引きずっていたように思います。今は、かわいい頃の写真を飾って、供

養のために毎日お経をあげています。

こちらが悲しんでばかりいると、向こうにその想念が伝わってしまいます。いつしか、安らかに成仏してもらいたいと、清らかな気持ちでお経をあげられるようになったのです。

わたしも愛犬を十分にかわいがりました。愛情を注げば注ぐほど、悲しみもまたいっそう深くなるものです。それは、わたしがいつもお伝えしている正負の法則に当てはまることでしょう。

あなたが今、愛犬の最期を受け入れがたく苦しんでいるということは、つまり、それほど深い愛情を注いできたという証《あか》しでしょう。

◇後悔のないように愛情をたっぷり注ぎましょう

悲しみを癒やす方法としては、子犬を迎え入れてはいかがでしょうか。あなたが悲しんでいることは、きっと老犬にも伝わっていて、あなたが独りぼっちになってしまうことを心配しているかもしれません。子犬を飼うことで、老犬も安心するのではないでしょうか。

やがて、老犬が亡くなったときには、悲しいけれども子犬が慰めてくれて、あなたも少しずつ元気になれるかもしれません。子犬を飼えば、またいつかお別れすることになりますが、あなたは老犬の死を経験することで覚悟ができているはずですから、今よりずっと強くなれるはずです。

そして、もしも自分が倒れたらどうするか、万が一のことも考えておいたほうがよいでしょう。

人生はいつどのようなことが起こるかわかりません。自分が倒れたら犬の世話をどうするのか、きちんと準備しておくのです。不測の事態にたいする心構えができていれば、オロオロせずにすむでしょう。

また、ペットのお葬式や葬り方は、動物病院でも教えてくれるはずですから、今のうちに必要なものをそろえておきましょう。
相手が人間であろうとペットであろうと、死と向き合うのはだれでも怖いものですが、後悔のないように最後まで愛情をたっぷり注いで優しい気持ちで見送りましょう。

（二〇二三年一月）

第6章

マイナスよりも
プラスの要因を探し、
ときには発想の転換を

お悩み

斜視なんて嫌

宮城県　T美（二十一歳）

わたしは斜視です。一度手術をして前よりはよくなりましたが、今でも一定の距離や角度から見ると、左目が上を向いたり、どこを見ているの？　という感じでおかしいのです。母や姉は「気にするほどではない」と言いますが、毎日化粧をするとき、鏡で見ると、嫌で嫌でたまりません。

目のことで、小・中学校といじめられていたので、人がどう思っているのかが気になって、人と目を合わせて話すこともできません。だから周囲の人から、嫌な人間に思われていることも多々あると思います。

わたしは舞台が好きで、将来舞台に立ちたいと思っています。演劇のワークショップに参加したとき、演技は目と目を合わせてするということを教えてもらいました。講師の先生は「気にするな」と言ってくれましたが、パートナーと見つめ合うというのも、目が気になってしまいます。いくら人に「気にするな」と言われても、自分自身、一生つきあっていかなければならないこの目と、どう向き合っていいのかわかりません。

目だけがネックというわけではありませんが、舞台役者になりたいということも、まず目のことが気になってしまい、第一歩を踏み出すことをためらっています。気持ちを切り替えるにはどうしたらいいのか、ほんとうに悩んでいます。

愛のメッセージ

自分いじめはやめなさい

まわりの人が気にするな、と言っているんですから、気にしなきゃいいのです。昔の心の傷があるのでしょうけれど、手術する前と後では、気持ちを切り替えなければいけません。前ほどではなくなったのですからね。

今、あなたは過去に次元の低い連中にいじめられたからって、自分まで次元が低くなって、いじめっこと同じように自分をいじめているのです。自分一人ぐらい、自分自身をかばってあげなきゃいけません。もっと自信を持つことです。

他人というのは、自分が欠点だと思い込んでいるところをつかまえるのが上手なものです。たとえば、「ちょっとスカートが短いんじゃないかな」と、自信なげにモゾモゾしていると、「あ、あの人、スカート短い」と、本人が気にしているところを波動で捉えるのです。

でも、自分で「これでいいんだ」っていう気迫を持っていれば、世間では通ってしまうものなのです。その最たる例がわたしですよ。男でありながら、女の格好しているでしょう。世の中はさんざん悪口を言ったけど、わたしがあんまりデンとしているものだから、逆に世間のほうが黙ってしまうのです。

◇知識を増やせば自信が持てる

そのためにまずあなたは、過去に斜視の人で偉大な人はいなかったか、探してみることです。

わたしが知っている範囲で言うと、メリメ作の『カルメン』の主人公が斜視ですね。どこを向いているか、なにを考えているかわからないって、男を狂わせる女です。石原裕次郎さんも、「夜間ロケなどで疲れてくると、斜視になってくる」と言っていました。海外では、『ヘッドライト』や『過去を持つ愛情』に出演したフランソワーズ・アルヌールも、すごくきれいな女優だったけど、彼女も斜視でした。また、森鷗外の娘で、森茉莉さんという耽美派の小説家も、強度の斜視だったけど、すばらしい作品を残して、堂々としていたでしょう。

だから、斜視だからダメだとか、女優になれないなどということはないのです。スターとして自分を印象づけるためには、ときに斜視であることは、武器にもなるのですから。

あなたは、顔のことで悩むよりも、こうした先例があることを知らないという、知識と教養のなさを憂うべきです。女優になりたいんだったら、これぐらいの商売の知識は持っていなさい。役者というのは、言葉を自分なりに大きくアレンジして膨らませる職業です。そのためには、多くの本を読んで、豊富な知識を持って、教養百般にわたっていないとだめなのです。

ハンデがあれば、ハンデの分だけ努力するから実を結ぶのです。ハンデだと思って、なんにも行動に移さなかったら、負のまんま。その負を意識して帳消しにしようとすると、負の分量だけ正を得られるのです。

とにかく、いろいろ調べてみること。そうすると、自分だけでも自分の味方になってあげられます。さらに知性と教養を努力して手に入れれば、軽い斜視ぐらいのことで、全世界の終わりみたいなことは言えなくなるでしょう。

（二〇〇二年十月）

お悩み

他人との距離感をつかむのが苦手です

千葉県　匿名希望

「なにを考えているのかわからない」と言われたことがあります。たった一度ではなく、何度もです。

わたしは学生時代から一人で過ごすことが苦ではありませんでした。望んでそのような状況になったわけではないのですが、無理をしてまで集団に加わろうとは思わず、他人とのコミュニケーションに苦手意識がありました。

両親を心配させないためにも、就職しなければという義務感から、現在まで不動産の代理店で働いています。職種や仕事内容にこだわりはなく、自立して生活できるだけの稼ぎがあればなんでもよかったというのが本音です。

あるとき、わたしについて「話が合わなくて接しにくい」と、職場の人に悪口を言われているのを耳にしました。とても不愉快でしたが、言い返すほどの勇気や気力はなく、そのときは受け流しました。

しかしながら、その職場の人とは毎日のように顔を合わせるので、避けたくても避けられません。仕事中になにか言われても、うわべだけの関係で愛想よく話しかけられるのが、どうしても気持ち悪くなってしまいました。自分が人から好かれるタイプではないことは自覚していましたが、人との接し方がつかめず、自分の考えや意見を隠すようになり、どんどん自己表現ができなくなってしまいました。だから、人から「よくわからない」と言われるのだと思います。

環境を変えてみようかと考えましたが、新しい職を得られる保証もなく、転職先でうまくやっていけるのかどうかもわかりません。最近は毎日がストレスで、体調がすぐれません。少しでも気持ちを持ち直すために、助言をいただきたいです。

愛のメッセージ

他人の考えはわからなくて当然です

だれしも超能力者ではありませんから、他人がなにを考えているのかわからなくて当然です。

血のつながった実の親子やきょうだいでさえなにを考えているのかわかりませんし、職場の上司や同僚は他人同士なのですから、わかるはずがありません。もしもこの先もだれかに同じようなことを言われても、もうビクビクするのはおしまいにして、「わたしもあなたがなにを考えているのかわかりません」と、言い返すくらいの気持ちで受け流しましょう。

また、「話が合わなくて接しにくい」と言われたことについては、話し上手になろうとするよりも、聞き上手になることを心がけましょう。もともと他人とコミュニケーションをとるのが苦手のようですから、無理に話題をつくろうとせずに、「そうね、そうね」と、聞き上手になりましょう。

そして、「うわべだけの関係で愛想よく話しかけられるのが気持ち悪い」ということについては、発想を転換してはいかがでしょうか。たとえうわべだとしても、話しかけられるだけまだましでしょう。無視されたりいじめられたりしているわけではありません。

職場は仕事をする場であって友達同士ではありませんから、他の方たちも仕事を円滑に進めるために人づきあいを工夫しているはずです。あなたも、「自分の考えや意見を隠すようになった」のはけっして悪いことではなく、むしろ謙虚でよいことです。「ねぇどうしたの?」と人の内面に土足で踏み込んでくるような出しゃばりな人は放っておきましょう。

そもそも悪口を言うほうがおかしいのですから、「あ、この人もその程度の人間なのか」と思っていればいいのです。

◇ほほ笑みを忘れずに心がけましょう

これからは、人に好かれるための努力をしてはいかがでしょう。もしも、黒やグレーなど暗い色の洋服ばかり着ているようでしたら、中間色の明るい色に替えるだけで印象は変わります。

そして、ほほ笑みながら人の話を聞くことで、みんなに好かれるようになるでしょう。

たとえば、「接しにくい」と言われたら、「そんなこと言わないで、わたしはあなたのこと好きよ」とか、「みんなにそう言われるのよ」とユーモア交じりに言えば、その場の雰囲気が明るくなるでしょう。肝心なのは、なんでもないことでもほほ笑みを絶やさないことです。

だれでも暗くうつむいている人よりも、明るく笑顔を振りまいている人に近づきたくなるものです。

聞き上手になっていつも笑顔を心がける、そうした努力によって、うつうつとした気持ちもきっと晴れやかになるでしょう。

（二〇二三年二月）

お悩み

物忘れが始まった母親に強く当たってしまいます

匿名希望　女性

わたしは母と二人で住んでいます。わたしは五十代、母は七十代です。母は耳が遠くなり、物忘れも多くなってきました。年を重ねれば衰えるのは当たり前のことですが、何度も同じことを聞き返されたり、会話がうまくかみ合わなかったりすると、いらだってしまいます。

最近では二人で買い物に出かけたときに、目に留まったものに集中して、ふとどこか違う所に行こうとするので気が抜けませんでしたし、食事する店を決めるにもこだわりが強く、気分に合わせて選ばねばならないので、ひと苦労します。

わたしがなにか言ってもうまく伝わらない、または頑固で「よし」と言わないことがあるので、もういいと諦めることがあります。はたまた、母の言動がもどかしく、話が長いので「だからなに?」と、わたしから会話を切ってしまうこともありました。

ささいなことでイライラしてしまう自分がとても嫌いです。他人にはそれほど短気なことはないのに、母に限って強く当たってしまい、そのたびに自己嫌悪に陥っています。

あんなふうに言わなければよかったと、一人になって冷静に振り返ったときに後悔の念が押し寄せてくるのですが、反射的に口から先に言葉が出てしまいます。いらだちと後悔で感情がぐちゃぐちゃで、ほんとうに疲れます。自分に問題があると思うのですが、これから先どうすればよいのでしょうか。

愛のメッセージ

子育ても介護も順番だと考えましょう

七十代になれば、あなたのお母さんだけではなく、だれだって耳は遠くなりますし、物忘れも多くなります。年を重ねれば当たり前のことです。それなのに、何度も同じことを聞かれ、会話がかみ合わずにイライラしてしまうというのは、思いやりが足りません。

ただ、あんなふうに言わなければよかったと後悔するようですから、これから先は後悔することのないように発想の転換をお勧めします。

まず、あなたも子どもの頃は今のお母さんと同じ状況だったのではと想像してみてください。

小さい子どもは、突然どこへ走っていくかわかりませんし、なかなか言うことを聞きません。そのうえ、ほんのちょっと目を離しただけで命を落としてしまうこともあります。そういう危険と隣り合わせで、家事や仕事をしながら子育てをするのはたいへんなことなのです。

お母さんはあなたを守り、一生懸命に手をかけてきたからこそ、あなたも無事に成長できたということでしょう。お母さんもきっと、幼いあなたのすることに我慢したり、ささいなことにイライラする自分に嫌気がさしたり、今のあなたと同じような思いをしたはずです。

◎後悔をしないように愛情と思いやりを持って

なんの手もかからずに一人で成長できる子どもなんて存在しません。自分自身がどのように育てられてきたのか想像力を働かせれば、お母さんにたいしてどのように接すればよいのか、おのずと答えが出るでしょう。

たとえば、耳が聞こえづらいのならば、ゆっくりはっきりとした発音で、きれいな日本語で会話することを心がけましょう。

小さい子どもと会話するときも、大人は伝わりやすいようにいろいろと話し方を工夫していますから、高齢の親にたいしても会話の仕方を配慮するのはたいせつなことです。

年をとると、当たり前にできていたことができなくなりますし、やがて、理解できていたことが理解できなくなり、自分がどっちの方向へ歩いているのかさえわからなくなってしまうのです。

それがどんなに歯がゆくて情けないことなのか。あなたはお母さんの姿を通じて、自分の将来の姿を知ることができているのですから、それはありがたいことなのかもしれません。

子育ても介護も順番です。これまで愛情を持って育ててもらったのですから、こんどはあなたが愛情を持って介護する、人間はそうやってバトンタッチしていくものなのではないでしょうか。

あなたの人生に悔いを残さないためにも、育ててもらったことに感謝しながら、お母さんに思いやりを持って優しく接しましょう。

（二〇二四年二月）

お悩み

わたしの人生ってこんなもの？

千葉県　S子（六十九歳）

農家の、六十九歳の老人です。姑は六年前から認知症の症状が出たりして入院しており、十日に一回くらい洗い物を取りに行っています。息子は別に家を建て、嫁と暮らしています。

息子の家には孫が四人います。小さいころはかわいくてオンブ、ダッコし、なにか買ってやると、おばあちゃん大好きと言われました。ところが幼稚園、学校に行くようになると、運動会にも嫁の親のほうがいつも行き、わたしにはひと声もかからずじまい。もう上の二人は成人式も終えました。今では、米や野菜を持って行っても、嫁が玄関先で「ありがとう」と受け取るだけ。寂しいものです。息子は、

「おふくろ、いつもありがとうよ」とねぎらってくれ、家の中に入ってと言います。でも、わたしは息子の家には入りたくない気持ちもあります。あんなにかわいがってきた孫たちが祖母の顔を見ても「こんにちは」も言わず、母親とどんな話をしているやらと思うと寂しくて……。

わたしの人生、これで終わりになるのかなあ……。その人の運命って生まれたときに決まるものでしょうか。五歳で実母と死別、十九歳で嫁に行き、その後は姑のいじめ。白を黒と言われても従ってきました。栄養のある食事なんて夢のまた夢。自分の歯は四十歳ですべて失くし、姑は嫁など死んでもいくらでも代わりがあると言っていました。わたしはただただ嫁時代を夢中に生きてきました。

この人生相談を読んでいるうちに、わたしも美輪さんに、愚痴をこぼしたくなって手紙を書きました。

愛のメッセージ

六十九歳は、花の盛りよ

「わたしは六十九歳の老人です」だなんて、わたしと同じ年じゃありませんか。失礼ですよ、老人だなんて（笑）。わたしなんかやることがたくさんあって、毎日飛び回っています。三時間のお芝居に出ずっぱりで、演出から衣装、舞台装置までを手がけて、そのほかに身の上相談もやって、講演で全国回って、お肌の手入れもちゃんとやっています。だから、四十歳くらいにしか見えないって、みなさん言ってくださいます。

わたしはつねに感謝することを探して、「あぁ、幸せ」っていつも思っています。だから老けないんです。けれどあなたは、感謝することをしないで、不平不満とか寂しいことばかりを、上手に数えているのです。

あなたの場合、もう嫌な姑といっしょに生活しているわけじゃないから、せいせいしていいじゃない。息子さんは「いつもありがとう」ってねぎらってくれるんでしょう。しかも、意地悪な嫁と暮らしているわけじゃないから、神経をすり減らしてゴタゴタすることもありません。あなたは五歳で実の母親と死別したようですが、わたしは二歳で実の母と死別しました。苦労もたくさんしたけれど、あなたのように、「わたしはなんて過酷な運命の下に生まれたのでしょう」なんて、自己憐憫したことはありません。

◎幸せは自分でつかむもの

あなたは、親子とかきょうだいとか孫とか、そういうものが幸せをもたらしてくれるという幻想を抱いているのです。けれど、家族は人数が増えた分だけ、病気の心配やトラブルが増えるし、電気代、水道代、食費も増えるでしょう。一人なら、心配事も、経済的なことも、なにもかも一人前ですむのです。

だいいち、孫たちとなんの話をするの？　浜崎あゆみや宇多田ヒカルの話ができますか。ファッションの話ができますか。「おばあちゃん、〇〇知ってる？」と聞かれても「知らない」って答えるだけでしょう。

若い人たちと話が合わないなら、合わせるように努力すればいいだけのこと。若い人が知らないような教養をすべて身に付けていて、「おばあちゃんと話していると勉強になる」って思われたら、寄るなと言っても寄ってくるものです。

それに、物欲しげに嫁の所へ野菜を持って行く必要はありません。そんな嫁は無視していればいいのです。趣味を見つけて、趣味を介した友達をつくるほうがいいですね。

昔から「遠い親戚より近くの他人」と言うでしょう。天上天下唯我独尊。この宇宙で自分はただ一人。まずは自分自身に目を向けましょう。

六十九歳といったら、花の盛り。好きなもの着て、メイクしてダンスでもしに行ったり、書道やインテリアの勉強なんかしてもいい。ボーイフレンドもたくさんつくって、村のわけあり女なんて異名をとってもいいじゃない（笑）。せっかく生まれてきたんですもの。楽しく生涯を終えましょう。

（二〇〇四年八月）

お悩み

うつ病になってから気力が落ち、社会復帰できません

福岡県　ちづき（二十四歳）

はじめまして。わたしは福岡に住む、二十四歳の女性です。今の自分をどうしたらいいのかわからず、将来が不安で、便りを書きました。

わたしは小・中学校と、ずっといじめられてきました。そのことが原因で、中学二年から不登校になりました。それでもなんとか、高校・大学へは進学したのですが、大学三年の夏にうつ病にかかり、そのころからリストカットとＯＤ（大量服薬）が始まりました。それからは入退院の繰り返しで、結局、大学は中退しました。数えると、これまでに、合計二百針以上縫合しています。

今では、うつ病はだいぶ軽くなったのですが、リストカットとＯＤはやめられず

にいます。

家族の中で、わたしだけ職に就いていないことがとても申し訳なくて、母の農業の手伝いをしたり、年に二、三回短期のアルバイトをしたりしています。それでも病気になってからというもの、すっかり心が弱ってしまい、元気に学校に通っていた頃に比べると、仕事が思うようにできなくなりました。毎日アルバイトに行く前になると、過呼吸を起こすほどです。

なんとか少しでも早く、社会復帰したいと思って、いろいろな人に相談してはいるのですが、体力はあっても、気力がもたないのです。元気だった頃は、バイトも学業もなんでもできたのに……。今は家業の手伝いだけで精いっぱい。こんなわたしがちゃんと社会復帰できるのでしょうか。どうかよきアドバイスをお願いします。

愛のメッセージ

生きがいを見つけなさい

家業の手伝いをしているのに、どうして社会復帰していないと考えるのでしょう？

農業を営んでいる方がご覧になったら怒りますよ。世の中は、農産物で潤っているのです。なくなったらみんな飢え死にです。そう考えれば、あなたは貢献していますし、社会と関わっています。立派に社会復帰しているじゃありませんか？　それのどこが不満なの？　まして、日本は自給率が四〇パーセント以下と低いでしょう。そういうなかで、日本国民を支えていることを自覚しなさい。

わたしがいつも言うように、あなたには文化がないの。つまり、暇なのよ。『源氏物語』を読んだことはありますか？　登場人物たちは一日中することがないから、光源氏とエッチすることしか考えてない（笑）。人間、暇だとろくなことがありません。あなたも、生きがいがリストカットになってしまっているのです。パチンコや競輪・競馬に熱狂している人たちは、他にすることがないから通うのであって、生きがいを見つければ、ばかばかしくなってやめてしまいます。あなたもそれと同じこと。

他の仕事をしたいと思うのなら、学生時代にはどの学科の成績がよかったのか、そこから自分に向いていそうな仕事を割り出してやってみること。ある程度やってみて、これじゃないと思えば、別の仕事を探す。そういう努力が重要です。人との共同作業が苦手なら、一人でできる仕事もたくさんあります。片っぱしから生きがいを感じられることをやってごらんなさい。

努力もしないで、気力がありませんというのは、怠けているだけ。自分を甘やかしているだけです。

◇あなたは恵まれた環境にいます

ただ一つ、忠告をしてさしあげましょう。あなたの考えるように社会復帰をしたところで、けっして楽になるわけではありません。会社勤めでは、上司、同僚、後輩、したたかな人たちがたくさんいます。仕事ができれば妬《ねた》まれたり憎まれたり、得意先ではいやみやわがままを言われて、屈辱を味わうことも多いでしょう。水商売にしても、危ない目にも遭いますし、下げなくてもいい頭を下げなくちゃいけない、とても苦労する仕事です。

人間には、向き不向きがあります。だれにも文句を言われない家業の手伝いでさえ不満に思うくらいですから、会社勤めをしたら……行く末が目に見えるようです。神様が、あなたにはそういう社会生活はとても無理だから農業をしっかりやりなさいと与えてくれたことをありがたいと思って、生かされているその場で全力投球してごらんなさい。立派な女農場主になったらいいじゃありませんか。トラクターでも耕うん機でもなんでも自分で動かしてはつらつと仕事をしていれば、それが魅力となって、そのうち結婚を申し込む男性も現れるでしょう。

そして、自分のうちを住めば都にすればいいのです。リフォームやインテリアの雑誌を見たりして、おしゃれな家に改造するのです。クラシックでもニューミュージックでも心が和むきれいな音楽をかけて、プライベートも充実させましょう。工夫ひとつで、いくらでも楽しく暮らせます。

最近では、浜美枝さん、高木美保さん、永島敏行さんなど、農業をしながらタレント活動をする方が増えてきました。あなたは、恵まれた環境にぜんぜん目を向けようとしないで、マイナスだと思い込んでいるのです。野山に囲まれて、空気や水もきれいですから、都会にいるよりよっぽど極楽です。生まれた家が農家だから、灯台下暗しでありがたみがわかっていないのですね。太陽の下、命の元を生産する立派な仕事ですよ。農業にたいしてもっとプライドを持ちなさい。

（二〇一〇年六月）

お悩み

夫を亡くしてから生きるのがつらく、毎日泣いています

熊本県　M子

一年十か月前に夫（当時五十九歳）を病気で亡くしました。今もそれが受け入れられず、朝起きて泣いて、午前中泣いて、昼泣いて、夕方、夜中と泣いています。母やきょうだいからも「あれだけできた人はいない」と言われるほどの人でしたので、夫を死なせてしまった自分自身が許せません。わたしがもっと頭がよく知恵のある奥さんだったら、人をもっと頼っていたら、インターネットもすらすらできて、一人の医師だけに頼らず、いろいろな情報を調べていたら……。そういう後悔ばかりをしている毎日です。夫がいるときは「パパのことが大好き」と毎日言っていました。そして、自分のことも好きでしたが、今は自分が許せず、嫌いです。

一周忌までは朝も昼も食事をすることができず、夜は仏壇に供えたものを食べる感じでした。住職さんに「子どもさんがいないのですから、あなたが供養していかないと」と言われ、それから少しずついろいろな人の励ましもあり、食べられるようになりました。

二人とも旅行好きでしたので、定年になったら世界一周しようね、夏秋は海外、二人とも寒いのは苦手だから冬は暖かい国でロングステイ、車で日本一周もしようねと言っていたのに……、すべてかなわない、このつらさ、苦しさ、耐えられない思いです。こういうのを生き地獄というのだと思っています。これからどういうふうに生きていけばいいのでしょうか。助けてください。

愛のメッセージ

先人たちの教えを知るのです

初めに、お悔やみ申しあげます。わたしも数多くの愛する人たちを亡くしてきましたので、あなたのおつらい気持ちはよくわかります。「去るものは日日に疎《うと》し」と言いますが、日を追うごとに悲しみや苦しみや孤独感が増してきて、そんなのはうそだと思いました。

それでも三年もたちますと、だんだん記憶が薄れていくのと同時に、エネルギーが日常生活のほうへ少しずつシフトしていくようになりました。あなたも、しばらくの間はおつらいでしょうけれど、悲しみを和らげるのは無理なこと。泣くだけ泣けばいいのです。

でも、泣き暮らしていればいいかというと、そうではありません。愛する人が亡くなった後はどう過ごせばよいか、先人たちの教えとしてあるのは、生活を忙しくしなさいということです。

肉体労働でも、神経を使う細かい作業などでもいいですし、忙しくしていれば、悲しんでばかりはいられなくなります。先人たちも、あなたと同じような思いをしてきて、どうすればいいのか創意工夫してきた結果、そういう発想が出てきたのだと思います。

わたしも少しの暇《ひま》もないくらい次から次へと仕事を増やして忙しくしたおかげで、だんだんと傷が癒《い》えたものです。

一つだけご忠告申しあげたいのは、霊能者とか、占いとか、新興宗教とかがつけこむ隙を与えないようにすることです。人は悲しみや苦しみのあまり、なにかにすがろうとします。結果、お金だけ取られて利用されて、ひどい目に遭うのです。振り回されないようにお気をつけください。

◇ご主人へプラスの気を送りましょう

お勧めしたいのは、お釈迦様《しゃかさま》や親鸞《しんらん》や日蓮《にちれん》、法然《ほうねん》、キリストが、弟子や人々に伝えた言葉が書いてある本を読むことです。発想の転換として、一度ご覧になってはいかがでしょうか。洋の東西を問わず、申し合わせたように同じなのは、死ぬ前に思いを残さないようにすべてを告白させること。遺産や対人関係の恨みつらみなどすべてを吐露《とろ》させて、ゼロにしたうえであの世へ送るのです。そうすると、次の段階へ出発するための前進が始まるのです。

ところが、あなたのように、ああしておけばよかったとか、旅行へ行くはずだったとか、悲しい想念ばかりを向こうへ送ると、相手は申し訳なかったという後悔で前へ進めなくなります。旅行できなかったのは運命なのですから、これ以上は後悔の想念を送らないようにしましょう。

「こちらのことは心配しなくてもだいじょうぶです。元気であなたの供養をします」と、仏壇の前ででも、どこにいてもつねに話しかけましょう。そうすることで向こうのご主人はあなたからのプラスの気を受け取りますから、あなたにもプラスの気を送ってくれるようになるのです。

なぜあなたが残されたのか。お寺の住職がおっしゃるように、あなたには供養するというお役目があるのです。与えられた責務として、優しい愛に満ちた心で供養し続けましょう。それだけ愛し合ったご夫婦なのですから、来世でもまたいっしょになれることでしょう。

（二〇一五年一月）

お悩み

九十歳の父が恋をしました

埼玉県　K子（五十七歳）

わたしは、結婚三十六年めの農家の主婦です。

相談したいのは実家の九十歳の父のことです。母は八十六歳で、兄夫婦と四人で暮らしています。

その父が十年ほど前から、知人のお見舞いに行った病院で知り合った女性とおつきあいを始めました。女性の旦那さんはちょうどそのころ亡くなられました。現在女性は一人暮らしの八十歳です。

二、三年前に父が頻繁に女性宅に行くので、同居している兄の嫁にも気づかれてしまい、母は泣く泣くわたしと妹に相談してきたのです。

そこで、堅実でまじめだった父の面子をガツンとつぶしてやろうと、父、母、わたし、妹の四人で話し合いをしました。

「うちの親戚の○○さんが、お父さんに女でもいるんじゃないかって、笑ってたわよ」と話しても、父は開き直って「そんなこと、おまえらに言われる筋合いはない！」と逆ギレするだけでした。

先日も、母とわたしと妹の三人がファミレスでお茶をしに出かけたすきに、女性宅へ行っていました。シルバーマークの付いた車が女性宅に横づけされているのをこの目で確認しました。このことについては、母は気がつかなかったようです。

わたしは嫁いだ身なので、特別なんの負担もないのですが、自分の両親に、いつまでも夫婦手を取り合って仲よく暮らしてほしいと思うのはまちがっているのでしょうか？

愛のメッセージ

この恋は、だれにも止められません

老いらくの恋は、止まらないものです。あなたには、この二人の気持ちが年齢的にもわかるはずがありません。そして、娘であるあなたが口を出す筋合いのものでもありません。

お父さんは、九十歳でしょう? 明日死ぬか、あさって死ぬかわからないという気持ちが覚悟としてあるでしょう。そうしたら、今日いっぱいを悔いのないように、自分の思ったように生きて死んでやろうと思っているはずなのです。世間体や法律、常識はいっさい関係ありません。これはだれがなんと言ってもだめ。ローマ法王が来ようと、ダライラマが来ようと、この恋はどうにも止まらないのです。

たとえば、六十歳くらいまでなら、世間体を考えるでしょうし、自分の妻を傷つけてはいけないとブレーキもかかるでしょう。常識や規則に従って生きていかなければ、どこへ行っても相手にされなくなると思うでしょう。それは、自分の人生にまだ先があるからなのです。先があると思うからこそ、常識や規則に泣く泣くでも従うしかありません。だから、理性も働くのです。

反対に、お父さんも相手の女性も、先がないと思うからこそ、理性をなくし、恋を謳歌できるのです。おそらく、生理的に性行為はできないと思いますから、あなたがたと同じようなつきあい方をしていると思わないほうがよろしい。

若い人たちは、自分たちの恋愛や性行為の価値判断で年配の人たちを見ますから、いやらしいとか気持ち悪いと思ってしまうのです。あなたがたとは違うのです。

セックスができなければ、どんな恋愛をするかというと、ロマンや情緒がメインなのです。セックスに代わって、精神的なつながりのパーセンテージが高いのです。

ですから、お父さんに意見しても、自分たちの気持ちがなんにもわからないくせに、よけいなお世話だと言われるのです。

◇奥さんも人生を楽しんで

お父さんは、家族といっしょに過ごしていても、おもしろくもなんともないのがわかります。ロマンもなにもなく、家族にとっては、死にかけたおじいちゃんでしかないのです。それにずっと甘んじてきたわけですが、彼女に恋をしてからは、そういう扱いを受けながら生きていくことにうんざりしたのでしょう。

彼女と会えば、十代二十代の頃の色男に戻れるし、ボーイフレンドでいられるし、違う自分になれるのです。相手の女性もそう。ただのよぼよぼのおばあちゃんが、彼の前では乙女になれるのです。

人生をあきらめていた二人が、枯れて朽ちるばかりだと思っていた桜の木に、花が咲いたのです。ですから、だれにも止められないという意味がよくおわかりになるでしょう？

　最後に、奥さんであるおばあちゃんにアドバイスできるとしたら、これまで何十年もいっしょに暮らしてきたわけですから「好きなようにおやりなさい。最後に一花も二花も咲かせていらっしゃい」って言えるようになってごらんなさい。

　そうすれば、自分も気持ちがいいですし、楽になれるでしょう。そして、自分も負けないでボーイフレンドを探して、残りの人生を楽しく過ごしてはいかがでしょう？


（二〇一〇年十月）

お悩み

退職後、親しい友人もおらず、寂しく思っています

高知県　匿名希望（六十六歳）

わたしは銀行員として三十年以上にわたり、人と接する仕事をこなしてきました。在職中はとくに問題もなく、昨年、無事に退職しました。夫もまじめに働き、二人の子どもも職に就くことができ、いまのところ大きな心配事はありません。

しかし退職後、ふとまわりを見ると、だれ一人仲のよい友達がいないことに気づき、寂しい気持ちになっています。これまでのわたしが独りよがりの人間であったためでしょう。

旅行をしたり、ボランティアをしたりしようと思っても、誘い合う友がいないのです。同年代の人たちが、仲間と誘い合って、旅行、コンサート、イベントや集会

などに行っているのを見たり聞いたりすると、とても楽しそうでうらやましくなります。

退職してからは、外出もせず、趣味もなく、家の中で笑いのない生活を黙々と送っています。なにか趣味を探そうとしても、見つかりません。

もともとあまり外に出ることが好きではなく、神経質なのですが、仕事面では人に頼りにされて、がんばってきました。ですが、仕事以外の場面では、人と話をするのが苦手で、自分の言ったことに自信が持てず、後から反省することもあります。

これからの時間をどのように生きていけば、友達ができ、人生をもう少し楽しく有意義に過ごすことができるのでしょうか？　美輪さん、どうかご意見をお願いいたします。

愛のメッセージ

自分に合う靴を探しに出かけましょう

三十年以上ものあいだ、銀行に勤めてこられたのは、ご立派なことです。仕事をバリバリこなして同僚や後輩に頼られ、一方でご主人を支え、子育てもして、いろいろとご苦労があったことと思います。二人のお子さんも無事に育ったのですから、勲章ものです。それが、退職したとたんになにもなくなってしまったというあなたの今の状況は、暇を持て余している、ただそれだけのことです。

あなたはこれまで、趣味や娯楽など、文化とは無縁の所で生きてきたのでしょう。なにも、文化的に生きなければいけないという義務はありませんが、もし、あなたの人生の中に文化のレパートリーがあれば、このような悩みを持つことはなかったでしょう。

加えてあなたは、おおいなる誤解をしています。人とのつきあいは、楽しいことばかりではありません。だれでも、うまくいっているときはいいけれど、親しくなればなるほど、こじれたり、嫌になったりしたときには、徹底的に憎み合うようになるものです。

その点、あなたは、友達がいないということですから、破綻のない人生でよかったではありませんか。

あなたは、友達がいれば楽しいことばかりのはず、と単純に想像して、トラブルになったときのことをなにもシミュレーションしていないのです。けんかしたり、泣いたり、悔しい思いをしたりする状況など、もっと具体的に想像してみましょう。そうすると、「あぁ、めんどうくさい」と、嫌になるはずです。めんどうくさいことが起こるのが、人づきあいの条件なのです。

そうしてマイナス面をあらかじめ予想していれば、「君子危うきに近寄らず」で、人づきあいは、ほどほどの〝腹六分〟にしたほうが身のためだということが、おわかりになるでしょう。

◇友達をつくるより文化や娯楽を探求しては

身の上相談は、あなたのようにトラブルがなにもなくて寂しいという人は少なくて、トラブルがありすぎて、途方に暮れて相談してくる人のほうが多いのです。なにもなくて退屈なのかもしれませんが、必要なときはにぎにぎしく、一人でいたいときは静かにいられるなどと、そうそう都合のいいようにこの人生はできていません。なにかを得ればなにかを失うものです。だれともトラブルがなくて、平和でいられることは、十分に幸せなことなのです。

これからの過ごし方としては、友達をつくることよりも、質のよい文化や娯楽を探求なさってはいかがでしょうか。最近は、俳句や川柳などがブームになっているようですし。あるいは、あなたはこれまで数字の世界で生きてきたわけですから、理数系の探究のほうが向いているかもしれません。文学的なことや娯楽が合わない人もいます。合わない靴を履いても痛いだけですから、合う靴を探せばいいのです。たとえば、理工学系の大学の通信講座を受講して、なにかテーマを決めて研究すれば、ひょっとしたらノーベル賞も夢ではないかもしれません。

家でくすぶっていないで、片っぱしから自分に合う靴を探しに出かけましょう。

（二〇一六年八月）

美輪明宏
みわ・あきひろ

1935年、長崎市生まれ。国立音楽大学附属高校中退。16歳でプロ歌手としてデビュー。1957年『メケメケ』、1966年『ヨイトマケの唄』が大ヒットとなる。1967年、演劇実験室「天井桟敷」旗揚げ公演に参加、『青森縣のせむし男』に主演。1997年、舞台『双頭の鷲』で読売演劇大賞優秀賞を受賞。2018年、戦後の日本にジェンダーを超えた生き方を示したこと、長きにわたり舞台・映画・テレビ・講演・著作と多方面で夢と感動を与えてきたことなどから東京都の「名誉都民」として顕彰される。

オフィシャルHP　https://o-miwa.co.jp
公式携帯サイト『麗人だより』　http://www.reijindayori.jp/

本書は、月刊誌『家の光』（家の光協会刊）に連載された「美輪明宏の人生相談」（2001年12月号～2024年12月号）、また『人生学校虎の巻』『続・人生学校虎の巻』『悩みも苦しみもメッタ斬り！』『人生はドンマイドンマイ』『心の嵐を青空に』『ほほえみを忘れずに。ルンルンでいきましょう』（いずれも家の光協会刊）を再編集したものです。

この世は人生学校　幸せになりたいすべての人へ

2025年3月20日　第1刷発行

著　者　美輪明宏
発行者　木下春雄
発行所　一般社団法人 家の光協会
〒162-8448　東京都新宿区市谷船河原町11
電話　03-3266-9029（販売）
　　　03-3266-9028（編集）
振替　00150-1-4724
印刷・製本　日新印刷株式会社

ISBN978-4-259-54789-9 C0095